作者简介

    陈以拓，法学博士，温州大学发展规划处专聘副处长，温州大学法学院诉讼法系主任，温州市演讲与口才协会会长。研究领域为法经济学、企业治理、纠纷解决。

    周湖勇，法学博士，佛山大学法学院教授。曾任温州大学法学院副院长、教授。研究领域为诉讼法、劳动法、企业法务。

新时代企业法务丛书

企业
合同管理

主　编 ◎ 陈以拓

副主编 ◎ 周湖勇

厦门大学出版社
XIAMEN UNIVERSITY PRESS

国家一级出版社
全国百佳图书出版单位

图书在版编目（CIP）数据

企业合同管理 / 陈以拓主编. -- 厦门 ：厦门大学出版社，2025. 6. --（新时代企业法务丛书）. -- ISBN 978-7-5615-9795-8

Ⅰ. D923.6

中国国家版本馆 CIP 数据核字第 2025MN6029 号

责任编辑　郑晓曦

美术编辑　张雨秋

技术编辑　许克华

出版发行　厦门大学出版社

社　　址　厦门市软件园二期望海路 39 号

邮政编码　361008

总　　机　0592-2181111　0592-2181406(传真)

营销中心　0592-2184458　0592-2181365

网　　址　http://www.xmupress.com

邮　　箱　xmup@xmupress.com

印　　刷　厦门集大印刷有限公司

开本　720 mm×1 020 mm　1/16

印张　12

插页　2

字数　208 千字

版次　2025 年 6 月第 1 版

印次　2025 年 6 月第 1 次印刷

定价　58.00 元

厦门大学出版社
微信二维码

厦门大学出版社
微博二维码

总　序

　　在我国,企业法务发端已二十多年。但高校至今尚无体系化、制度化的为培养企业法务人才而专门开设的成熟的企业法务课程群,也缺乏培养企业法务人才所需要的高素质"双师型"教师队伍,并尚未形成高校与企业实务部门校企合作联合办学、借力企业参与人才培养的有效机制。由此,法科学生对股权投资、企业并购、合同履约管理、协议签订评审等基本企业经营模式和管理等工作内容不具备基础理论知识和实训实战经验就不难理解。培养卓越企业法务人才以服务好企业应是法律人才培养的重要选择。同时,作为企业法务基础工作的企业法务人才培养已成为国家经济社会发展的重要战略举措。高校应积极应对区域发展战略,强化企业法务人才培养特色。结合国家和社会对企业法务的强烈需求,高校尤其是地方高校可结合本地的实际,将培养具有企业法务知识和技能的人才作为主要目标,突出专业特色和比较优势。《中共中央办公厅 国务院办公厅关于加强新时代法学教育和法学理论研究的意见》提出鼓励法学院校突出特色,形成差异化发展格局。

　　党的十八大以来,习近平总书记深刻论述了法治人才培养在全面依法治国、全面建设社会主义现代化国家、实现中华民族伟大复兴中国梦中的基础性地位。习近平总书记在中国政法大学考察时的讲话指出,全面推进依法治国是一项长期而重大的历史任务,要坚持中国特色社会主义法治道路,坚持以马克思主义法学思想和中国特色社会主义法治理论为指导,立德树人,德法兼修,培养大批高素质法治人才。2018 年,教育部发布《普通高等学校本科专业类教学质量国家标准》,通过"国标"的推行,以标促改、以标促建、以标促强。高校应根据"国标"修订人才培养方案,培养多样化、高质量人才。在此背景下,立足国家重大发展战略和社会发展需求已经成为高校法治人才培养的基本导向,新文科人才培养已经成为高校法治人才培养的基本方向,新的人才培养模式已经成为高校的共识:以"新文科"建设引领复合型、创新型、应用型法治人才培养,积极推动知识重构和学科专业深度交叉融合,促进思维革命、跨界融通与范式转化。优化法学课程教学体系,组建跨专业、跨学科、跨学院教学团队,整合教学资源,开设跨学科、跨专业新兴交叉课程,积极探索新型教学模式,编写出版一批具有创新性、交叉性的教材,实现跨专业的师资交叉、资源共享、协同创新。结合国家以及区域的发展要求,以"法学+管理学"模式,培养"专法律、懂管理"的复合型应用型企业法务人才培养既是高校法治人才培养模式改革的探索,也是新文科人才培养的探索。

加强企业法务建设是一项系统工作,需要国家、社会、企业等各方面共同努力,企业法务应当成为我国社会主义法治人才培养的一个重要方向,新文科的典型,甚至可以成为法学下的一个本科专业。高校可以探索以新文科背景下的卓越法治人才培养为推手,以"古今打通、文理打通、人文与社科打通、中与西打通、知与行打通"的"五通文科"为标准,在企业法务人才培养中全面贯彻"五通"新举措,实现专业建设新突破。在培养目标上,企业法务探索解决法治人才培养的同质化问题。当前法学本科教育多侧重诉讼人才培养,难以满足法律职业多元化需要。企业法务将人才培养目标定位为培养擅长处理企业法律事务的复合型法务人才,实现差异化发展,特色鲜明。在培养规格上,企业法务探索解决法治人才培养的封闭性问题。当前法治人才培养多侧重法学专门知识讲授,法科生欠缺财务会计、股权投资等理论与实践,无法满足既懂法律又懂管理的综合能力要求。企业法务人才培养强调打通学科壁垒,实现法管融合,有效支撑了复合型企业法务人才的培养目标。在培养机制上,探索解决法治人才培养的单一化问题。当前法学院校与企业法务部门的合作还未有效展开,尚未形成针对性的校企协同培养机制。企业法务人才培养强调多元参与、校地协同,建立了"需求牵引、方案对接、校地联动"的协同育人机制。

党的二十大报告提出"加强教材建设和管理"。从国家角度而言,这凸显了教材工作在党和国家事业发展全局中的重要地位。教材是育人育才的重要依托,关系到培养什么人、怎样培养人、为谁培养人的问题。教材建设是从教育大国迈向教育强国的重要支撑,是事关未来的战略工程和铸魂育人的基础工程。对高校而言,教材是教育教学的主要依据,是立德树人的重要载体,是课程建设的重要依托,是各高校人才培养特色的重要体现。对学生而言,教材关系学什么、怎么学、如何学的问题。要培养企业法务人才,必须重视教材建设,加强教材管理。基于以上考虑,笔者与厦门大学出版社协商,确定企业法务系列教材建设,分期分批出版企业法务教材,边教学边出版,成熟一本出版一本。《企业合同管理》是其中的一本。合同是企业(单位)与外界交往的桥梁,是实现合同目的主要手段,是产生利润的源泉,同时也是产生风险的源泉,守住了这座桥梁就可以防范绝大部分的法律风险,避免绝大部分的争议。而这座桥梁一旦失守,企业往往只能听天由命。西方有句话叫:"财富的一半来自合同。"可见,合同对于企业而言非常重要。因此,企业需要加强合同审查和合同管理,防范企业法律风险。合同审查是企业法务人员的一项基本工作和基本技能,合同管理是企业管理的重要内容。本书就是基于企业合同管理的实际需要而编写的,具有实践性和针对性,适合作为企业合同管理的教学培训的需要。

　　是为序。

周湖勇　谨识

前　言

梅因曾言，所有社会进步的运动，都是"从身份到契约"的运动。契约精神与合同实践不仅是现代法治文明的基石，更是商业社会高效运转的核心动力。在当今商业社会中，合同已非简单的法律文本，而是企业整合资源、防控风险、实现战略目标的关键工具。

对企业而言，合同是商业活动的"毛细血管"，贯穿于战略制定、研发创新、生产运营与交易执行的全生命周期。在复杂多变的商业环境中，合同不仅是权利义务的载体，更是企业创造价值的智能引擎。面对数字化转型浪潮，传统合同管理模式在效率、精准度与适应性上的局限日益显现。在此背景下，融合法学原理与智能技术手段，构建合同决策全流程的升级体系，已成为现代企业必须应对的核心挑战。

本书以"数智赋能、专业特色、学科融合、产教协同"为核心理念，系统构建合同审查与管理的知识体系，致力于统一法律规范与法学原理，重塑合同决策全流程的理念与方法。

第一，本书区别于传统合同教材的规范解释，强调合同决策应融入数智技术的新趋势，体现新颖性与前沿性。人工智能在合同决策中，能够深度碰撞多元理论、解析典型案例、快速建模并分析数据，从而深化传统合同审查与管理的理念与方法，深度赋能合同实践。

第二，本书作为温州大学法学国家一流专业的建设成果，依托法学专业优势与教学科研积累，整合法学院温商国际仲裁院、调解中心、企业实践基地等平台资源，凸显"法商融合、实践导向"的企业法务特色。

第三，本书强化法学新文科建设，突破传统部门法学科壁垒，将人工智能、系统科学、管理学、行为经济学等学科理论与方法引入合同研究，将合同问题置于更广阔的组织框架与商业系统之中,体现合同学科融合发展的前沿方向。

第四,本书立足区域经济发展与企业人才培养需求,聚焦产教融合与实践应用,着力服务地方民营经济。本书内容突出地域特色,贯穿服务"两个健康"的实践导向。在此,特别感谢温州瓯北街道企业服务中心、民建温州市企业家协会等单位的调研支持,使教材内容与地方企业需求深度融合。

本书写作分工如下:主编陈以拓博士撰写前言与导论,并负责各章内容的指导与修改,由万怡协助校订;副主编周湖勇教授梳理本书的基本框架与思路;季中旭撰写第一章初稿;张宇昂撰写第二章、第三章初稿;李致远撰写第四章初稿;毛俊涛撰写第五章初稿;江寒撰写第六章初稿;应莹莹撰写第七章初稿;郑志豪撰写第八章初稿。

目　录

导　论

在人工智能深度驱动的商业环境中，合同已突破传统法律文书的范畴，进化为实现战略目标、创造价值和管理风险的智能化战略载体。面对市场竞争的加剧与技术迭代的加速，依赖人工经验的传统合同管理模式在效率、精准性与适应性层面日益显露疲态。企业需要将人工智能技术与传统管理理论深度融合，构建兼具科学性与前瞻性的智能合同体系。

企业合同管理须秉持"理论框架＋数智赋能"的双轮驱动模式。从数据决策、理性决策到合作推进的核心理念，再到经典理论方法，均可注入人工智能技术动能，如 SWOT 分析理论可借助实时算法实现动态评估，SMART 分析理论能通过数据分析优化目标量化模型。尤为重要的是，行为经济学揭示的直觉偏差问题，能在 AI 辅助决策系统中得到技术性矫正——通过建立认知偏差识别算法，系统可实时提示"确认偏误""损失厌恶"等决策陷阱，显著提升决策理性度。

值得强调的是，双扣合理论、管道理论等经典理论方法，在与智能技术结合后能展现新的实践维度，如基于知识图谱构建的合同关系网络，可直观呈现"双扣合"的动态平衡状态；运用区块链技术的智能合约系统，则清晰诠释"管道理论"的信息流与价值流协同机制。这种理论方法与技术工具的有机融合，使合同审查与管理从经验驱动转向数据智能驱动。

本书通过整合前沿学术成果与标杆企业实践案例，着力构建"理念—理论—实践"三位一体的知识体系。无论是法务部门的智能转型，还是管理层的数据化决策，都能从中获得法律合规与商业创新的平衡之道，最终实现风险管控与价值创造的双重突破，推动企业在智能时代的可持续发展。

一、企业合同管理的基本理念

(一)数据决策

随着大数据、人工智能等技术的发展,当今商业世界正由数据深度驱动,因而数据决策是提升企业竞争力的关键因素。企业合同管理作为企业创造盈利与控制风险的核心环节,正逐渐融入数据决策的先进理念。通过量化分析,企业能够更精准地评估合同收益与风险,优化谈判策略,并提高合同执行效率。数据决策不仅帮助企业在合同管理中实现信息透明化,还为制定理性的商业决策提供坚实的基础。

1.数据决策的定义与作用

数据决策作为基于数据分析的决策方法,其核心在于通过科学、系统地收集、处理、分析和应用数据,为企业决策提供有力支持。数据决策能改变传统决策中过度依赖直觉和经验的方式,通过实证数据来指导企业的业务方向和日常操作,从而显著提高决策的准确性与有效性。面对日益复杂的市场环境和竞争态势,企业仅凭直觉和经验已难以做出准确判断,数据决策则为企业提供了科学、客观的决策依据。通过收集和分析市场趋势、消费者行为、竞争对手动态等关键数据,企业能够更准确地把握市场动态,制定更符合市场需求的战略和策略。并且,数据决策还有助于企业发现潜在的商业机会,优化资源配置,提高运营效率,从而在竞争中占据优势地位。

传统的合同管理往往依赖于法务人员的经验和专业知识,存在主观性强、效率低等问题。通过数据决策,企业能够深入分析合同条款,包括合同金额、支付条款、履行期限等关键要素,还能够准确地评估合同风险,为企业在谈判中提供有力的数据支持,从而争取到更有利的合同条款。

2.数据决策优化合同审查

合同审查是企业合同管理的前端环节,本书所称企业合同管理包括合同审查和合同管理两部分。合同审查涉及对合同条款的细致解读、潜在风险的识别与评估,以及预判合同执行过程中可能出现的问题。随着数据决策技术的不断发展,合同审查正在经历深刻的变革。

第一,数据收集与分析。有效的数据收集是合同审查的基础,涉及历史合同数据、行业标准、法律法规、市场趋势等多个维度。这些关键数据为合同审查提供了全面、准确的信息基础,使得审查过程更加客观、科学与高效。在数据分析阶段,企业可以运用统计分析、机器学习等先进技术,从海量数据中提取有价值的信息。例如,通过对历史合同数据的分析,企业可以识别出常见的纠纷类型,从而在审查新合同时重点关注这些方面的问题。此外,机器学习算法还可以根据合同的文本内容,自动分类和识别关键条款,为审查人员提供快速与准确的参考。

第二,风险评估。数据驱动的风险评估是数据决策在合同审查中的重要应用。传统的风险评估主要依赖法务人员的经验和直觉,而数据决策则通过运用逻辑回归、生存分析、蒙特卡洛模拟等风险评估工具,对潜在的合同风险进行预测和量化。逻辑回归可以帮助企业识别哪些合同条款或因素与合同违约风险相关,并计算出这些因素对违约概率的具体影响。生存分析则能够预测合同在不同时间点的生存概率,即合同在何时可能发生违约或终止。蒙特卡洛模拟则通过模拟合同执行过程中的各种可能情况,来评估不同决策方案下的风险水平。

第三,流程优化。传统的合同审查流程存在审查周期长、审查质量参差不齐等问题,而通过数据识别这些瓶颈环节与低效环节,企业可以进行流程优化与再设计,提高审查效率和准确性。自动化工具如自然语言处理(NLP)和机器学习技术在流程优化中发挥着重要作用。NLP技术能够自动解析合同文本,识别出关键条款和风险点,为审查人员提供快速与准确的初步分析结果。机器学习技术则可以通过学习历史合同数据和审查经验,不断优化风险识别模型和算法,提高审查的准确性与效率。

第四,标准化和规范化。通过建立统一的审查标准和流程,企业可以确保每份合同都经过同样的审查程序,从而减少遗漏和错误。同时,数据决策还可以将合同审查过程中的各个环节有机地连接起来,形成完整的审查体系,提高企业合同审查的整体效率。

3.数据决策优化合同管理

随着数据决策技术的不断渗透,合同管理正逐步从传统的经验驱动模式向数据驱动模式转变,实现了合同管理的精准化、高效化与智能化。

第一,在合同执行阶段,数据分析成为监控合同性能、确保合同义务得到切实履行的关键工具。企业通过建立完善的合同执行数据收集机制,实时跟踪合同进度、交付情况、款项支付等关键指标,能够清晰地掌握合同的履行状态。这不仅有助于及时发现潜在问题与瓶颈,如延迟交付、款项拖欠等,还能通过数据预警系统提前预测违约风险,从而采取预防措施,避免或减少损失。例如,通过对历史合同执行数据的分析,企业可以建立合同履行时间的概率分布模型,预测未来合同的完成时间,进而调整生产计划或供应链安排,确保合同按时履行。同时,数据分析还能揭示合同履行过程中的异常模式,如频繁的合同变更请求或投诉,从而识别潜在的合作问题或市场变化,为企业提供及时调整策略的依据。

第二,管理决策支持。通过对合同数据的深度挖掘,企业能够获取关于定价策略、客户行为、市场趋势等关键信息,为管理决策提供科学依据。在定价策略方面,数据分析可以帮助企业优化定价模型,基于历史合同数据、成本结构、市场需求等因素,制定出既能吸引客户又能保证利润的定价策略。在客户关系管理上,通过分析客户的购买历史、支付习惯、续订频率等数据,企业可以预测客户的续订趋势和流失模式,从而制订个性化的营销策略和挽留计划,提高客户保留率。此外,数据决策还支持企业在续约、终止或变更合同时做出更加明智的决策。通过量化评估合同绩效,结合市场环境和内部资源状况,企业可以准确判断哪些合同值得续签,哪些合同应适时终止或重新谈判,以优化合同组合,提升整体合同价值。

第三,合同组合优化。通过对合同数据的全面分析,企业能够洞察市场需求变化,优化产品开发方向,提高客户满意度,并最终推动业务增长。例如,通过对合同中产品或服务的需求分析,企业可以发现市场的新趋势或未满足的需求,为新产品开发或现有产品的改进提供方向。同时,数据分析还能帮助企业评估不同合同类型的盈利能力和风险水平,从而优化合同组合结构,将资源集中于高回报、低风险的合同项目上。

(二)理性决策

在企业合同管理中,理性决策要求企业在思考、决策与行动时,必须超越直觉和情感的干扰,依赖事实、数据和逻辑来制定决策方案。理性决策不仅能够提高决策质量,减少因主观判断而产生的错误与偏差,而且能够科学判断合同中的整体问题,从而采取适当的管理措施与应对模式,保护各方的相关利益。此外,理性决策还能够将复杂问题和决策过程以清晰、逻辑的方式呈现给合作方,帮助对方理解并参与合作互动,从而促进双方的有效沟通,增强彼此互信,并提升企业的专业形象。理性决策能有效支持企业基于理性的战略规划,帮助企业在合同谈判和执行中实现长期目标,为客户提供更优质的服务。因此,理性决策是企业合同管理中不可或缺的关键思维,有助于实现法律服务的专业化和高效化。

1.理性决策的方法

(1)决策树

决策树是图形化的决策工具,通过分支结构展示不同决策路径及其可能的结果,因决策过程像树枝分叉,故名决策树。在合同审查与管理中,决策树方法可以帮助企业清晰理解接受或拒绝合同条款的可能后果。例如,面对合同条款,决策树的根节点可能是"是否接受合同条款",从这个根节点分出两个主要分支:一个是"接受条款",另一个是"拒绝条款"。在"接受条款"的分支下,可以进一步细分为"条款执行顺利"和"条款执行遇到问题"。如果执行顺利,可能带来预期的商业利益,而如果遇到问题,则可能需要采取进一步的法律行动,如协商修改或诉讼。在"拒绝条款"的分支下,可能会有"重新谈判"和"寻找其他合作伙伴"两个子分支,每个子分支又会有其各自的结果,如成功达成新协议或谈判破裂。

通过结构化思考,决策树方法使得复杂的决策过程变得更加直观和易于理解,不仅帮助企业评估每个决策点的风险和收益,还能揭示不同决策之间的相互依赖关系。因此,企业可以在充分理解所有可能结果的基础上,做出更加明智的决策。在涉及多个决策点和多种可能结果的合同中,决策树的可视化特性,更能凸显工具效用。

(2)概率思维

在企业合同管理这一复杂且充满不确定性的领域中,概率思维不仅是科学分析工具,更是战略思维。概论思维要求企业面对合同的各种不确定性时,不能简单地追求确定答案,而是通过科学方法评估各种可能结果的发生概率,并据此制定灵活、有效的应对策略。

概率判断在企业合同管理中的应用,不仅仅局限于预测诉讼案件的胜诉概率或合同的违约概率,更是一种动态的风险评估方法,能够帮助企业更全面地理解合同执行过程中可能遇到的各种风险。在合同谈判、条款设计、履行监控等各个环节,都需要基于概率判断来评估不同决策方案的风险与收益。例如,在评估合同的履行风险时,除了基于历史数据估计违约概率外,还可以结合市场环境的变化、合作伙伴的财务状况、行业趋势等因素,动态调整风险评估模型。这种综合的概率判断,能够为企业提供更为精确的风险预警,使其在面临潜在风险时能够迅速做出反应,减少损失。在条款设计时,概率思维可以帮助企业设计出更加灵活、具有弹性的条款,以应对未来可能出现的不确定情况。例如,通过概率设置合理的违约赔偿条款,可以在一定程度上降低对方违约的风险,同时为企业提供必要的法律保障。

概率判断在企业合同管理中的有效应用,离不开统计工具和模型的支持。这些工具和模型能够帮助企业综合考虑多种因素的影响,量化不同结果的可能性,为企业提供更为精确的风险预测结果,以提高合同审查与管理的科学性和准确性。例如,企业可以运用贝叶斯网络、马尔可夫链等统计模型,对合同履行过程中的各种风险概率进行动态预测和评估,以及利用大数据分析技术,对海量的合同数据进行挖掘和分析,作为概率判断的数据基础。

(3)系统思维

在企业合同管理中,系统决策要求决策者在面对复杂的合同条款和多变的商业环境时,能够全面、系统地考虑所有相关因素,包括法律合规性、商业利益、客户关系和风险管理等,以确保决策的全面性和平衡性。系统思维的核心在于,不仅仅要对合同文本进行法律审查,更要深刻理解合同背后的商业逻辑和合作关系。例如,法律合规要求合同内容必须符合相关法律法规的要求,确保合同的合法有效。商业利益则关注合同是否能为企业带来预期的经济效益,包括成本控制、利润最大化等方面。客户关系则涉及合同条款是否有利于维护和发展与客户的长期合作关系,这对于企业的品牌建设和市场拓展至关重要。

系统决策的实施需要综合运用各种分析工具和方法,以确保企业合同管理的科学性和系统性。多标准决策分析是在多个决策标准之间进行权衡的方法,可以帮助决策者在不同的利益相关者和目标之间找到最佳平衡点。利益相关者分析则是识别和分析所有可能受到合同影响的利益相关者,包括客户、供应商、合作伙伴等,确保合同决策能够尽量平衡各方的需求和期望。博弈思维是系统思维的重要方式。博弈思维要求决策者在考虑合同各方的策略、方式与思维时,能够预测和应对对方的可能行动,从而制定出更为周全和灵活的合同策略。例如,在谈判过程中,决策者需要考虑对方可能的还价策略,以及如何通过合同条款的设计来优化双方的合作结构,以促进交易的成功。在合同执行过程中,博弈思维有助于决策者监控对方的行为,确保合同的顺利履行,并在出现违约或不利行为时能够及时调整策略。博弈思维能使合同审查与合同管理更加全面和深入,不仅能够覆盖所有关键要素,还能够预测和应对合同各方的互动,从而提高合同的成功率和满意度,维护良好的合作关系。

（4）成本收益思维

成本收益思维是经济学的核心思维方式，是评估决策经济合理性的重要方法，通过比较不同选项的成本收益来帮助决策者做出更明智审慎的选择。在企业合同管理中，成本效益思维可以帮助企业评估合同条款的修改、合同的签订或终止等决策的经济效益。例如，在合同谈判中，如果识别合同条款对企业不利，则修改合同条款时需要考虑修改条款的成本，包括重新谈判的时间、额外的法律费用、信任裂痕以及对方可能要求的补偿。同时，也需要评估修改后的条款带来的预期收益，如减少未来违约的风险、增强合同的执行力度或提高合同履行的效率。通过成本效益分析，企业可以更清楚、全面地分析每个决策的潜在经济后果，从而做出符合其商业利益的选择。

进行成本收益分析时，企业要收集相关数据、整合可能的结果，包括合同修改前后的潜在财务影响、法律风险的变化以及合同履行的预期效果等。进行成本收益分析时要注意，不能将"成本收益"局限于物质维度和短期视角，应作整体及长期判断。例如，企业的成本收益分析，不能忽视信任成本、情绪成本、信息成本等潜在的交易成本。

2.理性决策的步骤

在企业合同管理中，要将理性决策转化为结构化的过程，从而确保决策的质效与操作性。以下是实施理性决策的关键步骤，特别针对合同审查与合同管理的实践。

第一，明确决策目标和标准。在合同审查中，涉及确定合同的商业目标、法律合规要求以及风险管理标准。决策者需要理解合同如何支持企业的整体战略目标，并识别所有利益相关者的需求和期望。

第二，收集和分析相关数据与信息。合同审查管理的内容包括对合同条款的详细审查、相关法律法规的遵守情况以及合同对方的信誉和履约历史。此外，还应考虑市场条件、行业标准和竞争对手的合同实践。

第三，制定备选方案。基于对合同的深入分析，决策者应提出不同的合同修改方案或谈判策略。每个方案都应详细说明其对合同条款的具体影响、潜在的法律后果以及对商业目标的支持程度。

第四，评估每个方案的成本收益。在合同审查中，涉及评估每个方案的法律风险、财务影响以及对客户关系的潜在影响。决策者需要权衡每个方案的成本收益，并对各个方案进行比较分析，以确定最符合企业利益的方案。

第五,选择最佳方案并制定行动计划。选择最优的合同方案后,决策者需要制定详细的行动计划,包括合同谈判的步骤、合同签署的时间表以及合同执行的监控机制。

第六,执行决策并监控结果。在合同签署和执行过程中,决策者需要确保合同条款得到妥善执行,并持续监控合同履行情况,以便及时发现并解决出现的偏差或问题。

第七,评估和反馈。在合同执行完毕后,进行全面的回顾,评估合同的实际结果与预期目标之间的差异,总结经验教训,并收集反馈信息,以便在未来的合同审查和管理中进行改进。

(三)警惕直觉偏差

自 2002 年丹尼尔·卡尼曼获得诺贝尔经济学奖后,行为经济学在人文社科领域的应用越来越受重视。卡尼曼在著作《思考,快与慢》(*Thinking, Fast and Slow*)中提出,人类有两个决策系统,即快系统(系统 1)和慢系统(系统 2),快系统用直觉反应作决策,慢系统用理性思考作决策。理性思考要消化大量身体能量,因而人类绝大多数决策都依靠快系统作出直觉反应。行为经济学中的直觉偏差理论指出,人们依靠直觉决策时往往受到非理性因素的影响,从而导致决策失误。诺贝尔经济学奖得主丹尼尔·卡尼曼、理查德·泰勒,以及法律行为经济学代表人物桑斯坦等学者,都在相关研究中强调在决策过程中要特别警惕直觉偏差。在企业合同审理中,面对复杂的合同条款和多变的商业环境,人们的直觉偏差更容易被激发与强化,这些非理性决策容易导致对合同的误解或误判,从而引发决策失误与法律风险。因而在企业合同管理中,应该掌握并应对典型的直觉偏差模型。

1.确认偏误

确认偏误(confirmation bias),出自卡尼曼的《思考,快与慢》,指人们倾向于寻找、解释和记忆那些与自己已有信念一致的信息,同时忽视或低估与自己信念相矛盾的信息。在企业合同管理中要警惕确认偏误,因为决策者可能会过分相信自己的判断,高估合同的成功率或过分规避风险,即使面对相反的证据时也不愿改变观点。例如,如果决策者坚信某个合同条款有利时,则可能会忽视那些表明该条款不利的证据。为了预防与化解确认偏误在企业合同管理中的负面影响,可以采取以下应对措施。

第一,拓宽多元化信息来源。在企业合同管理中,决策者往往容易受限于自己已有的信息和信念,导致忽视或排斥与自身观点相悖的信息。因此,决策者应主动从多个渠道收集信息,包括市场报告、行业分析、竞争对手动态、法律法规等,确保能够接触到全面的、多样化的信息。同时,还应特别注意寻找那些可能挑战自己原有信念的信息,以拓宽视野,减少偏差。

第二,运用批判性思维。决策者应在合同审查中质疑自己的先入为主观念,对自己的假设进行批判性分析,对合同条款进行细致、全面的审查,并考虑其他可能的解释和情况。通过不断提问、反思和验证,决策者可以更加客观地评估合同风险,做出更明智的决策。

第三,引入第三方审查机制。没有直接利益关系的第三方进行合同审查和决策评估,可以提供更加客观、中立的视角,帮助决策者发现可能遗漏或忽视的问题。同时,第三方审查还可以增加决策的公正性和可信度,减少因确认偏误而导致的潜在风险。

第四,增加决策透明度。决策者应公开决策的依据、过程和结果,允许其他人对决策进行审查和质疑。通过增加决策的透明度,可以减少决策者的主观性和随意性,提高决策的公正性和可信度。同时,透明性还可以促进组织内部的沟通和协作,增强团队的凝聚力和执行力。

第五,建立反馈机制。决策者应定期收集和分析决策实施后的反馈信息,了解决策的实际效果和潜在问题。通过反馈机制,决策者可以及时发现并纠正决策中的偏误和不足,提高决策的准确性和有效性。同时,反馈机制还可以为决策者提供宝贵的学习机会和经验教训,帮助他们不断提高自己的决策能力和水平。

2.代表性偏差

代表性偏差(representativeness bias),出自卡尼曼的《思考,快与慢》,指决策者根据有限的样本或个案来做出一般性的判断。人们在对事件做出判断时,容易过度关注事件的某个特征,而忽略了事件发生的大环境概率和样本大小,导致片面、冲动地做出判断,类似于“盲人摸象”。在合同审查与管理中,代表性偏差会导致基于少数案例做出过于宽泛化的合同策略。例如,决策者会过分强调法律合规性、商业利益、客户关系和风险管理等维度的重要性与代表性,而忽视决策的全面性和平衡性,并习惯用大样本中的小样本去判断整个大样本。为了预防与化解代表性偏差在企业合同管理中的负面影响,可以采取以下应对措施。

第一,增强认知与警觉。在合同审查中,应首先深入理解代表性偏差的本质及其对合同审查带来的负面影响。通过提高警觉性,有效地识别并避免在审查过程中被表面的、具有代表性的信息所误导,从而确保合同审查的全面性和准确性。

第二,完善审查流程。为了减少代表性偏差的影响,在企业合同管理中应建立并遵循标准化的审查流程,包括多方审查机制,邀请不同背景和专业领域的人员共同参与,以确保从多个角度对合同进行审查,从而有效地发现合同中的潜在风险和问题。

第三,强化信息收集与分析。合同审查与管理者应全面收集与合同相关的市场环境、对方企业信誉和财务状况等信息,并运用统计学和数据分析方法对收集到的信息进行深入分析,这有助于识别并纠正基于代表性偏差的假设,从而做出更明智的决策。

第四,培养批判性思维。批判性思维是预防代表性偏差的重要工具。合同审查与管理者应学会质疑基于代表性偏差的假设,并从多个角度思考问题。通过培养批判性思维,能够更全面地评估合同内容,避免陷入片面、单一思维模式的陷阱,从而做出更公正、更准确的判断。

3.可得性偏差

可得性偏差(availability bias),出自卡尼曼的《思考,快与慢》,指决策者在评估事件发生的可能性时,往往会倾向于高估那些容易进入他们记忆或意识中的信息的重要性,而低估那些难以获得或记忆模糊的信息,这导致人们在决策时,更多地依赖于易得的信息,而忽视可能更为关键却难以获取的信息。在企业合同管理中,可得性偏差会导致决策者过分依赖那些易于获取的信息,如近期的交易记录、常见的合同条款等,而忽视了对合同整体风险的全面评估。例如,决策者可能仅关注合同条款的表面合规性,而忽视了隐藏在复杂条款背后的潜在法律风险或商业陷阱。

为了预防与化解可得性偏差在合同审查中的负面影响,可以采取以下应对措施。第一,增强信息全面性的意识。合同审查人员应认识到可得性偏误的存在,并努力克服其影响。在审查合同时,应主动寻求和收集那些难以获得但可能至关重要的信息,如对方的信用记录、历史交易情况等。第二,建立信息检索系统。为了更有效地获取和存储相关信息,合同管理部门应建立信息检索系统,确保关键信息能够迅速、准确地被找到。第三,引入第三方评估。在合同审查过程中,可以引入第三方专业机构或专家进行风险评估,以提供更全面、客观的意见。四,培养跨学科思维。合同审查人员应具备跨学科的知识背景,能够从多个角度审视合同,从而更全面地评估其潜在风险。

4.损失厌恶

损失厌恶(loss aversion)是行为经济学中的重要概念,由心理学家和经济学家共同研究提出,特别是在卡尼曼和特沃斯基的合作研究中得到深入阐述。该理论指出,人们在面对潜在损失时,其心理上的敏感度远高于面对同等价值的收益。换言之,人们倾向于避免损失的程度远大于他们追求收益的程度,这种不对称的心理反应在决策中会产生显著影响。在合同管理中,损失厌恶会导致决策者过分谨慎,甚至过分规避风险,从而错失潜在的商业机会。例如,当面对充满挑战但收益颇丰的商业合同时,决策者可能会因为担心潜在的损失(如法律纠纷、财务损失或声誉损害)而犹豫不决,即使这些风险已经通过适当的条款和保障措施得到有效的管理或控制。这种过分规避风险的行为,会使企业错失扩大市场份额、提升品牌影响力或实现技术创新等重要机遇。

为了预防与化解损失厌恶在企业合同管理中的负面影响,可以采取以下应对措施。第一,增强风险收益平衡意识。合同审查人员应深入理解损失厌恶的心理机制,并在决策时努力平衡风险与收益的关系。通过全面评估合同的潜在风险和预期收益,制定更加合理的风险管理策略。第二,建立风险容忍度框架。企业应建立明确的风险容忍度框架,为合同审查和管理提供指导。这一框架应明确哪些风险是可以接受的,哪些风险需要采取额外的预防措施,以及在不同情境下应如何调整风险容忍度。第三,培养创新思维和冒险精神。鼓励合同审查人员具备创新思维和一定的冒险精神,勇于探索新的商业模式和合同条款,以抓住市场机遇并推动企业发展。第四,引入外部专家咨询。在面临复杂或高风险合同时,可以邀请外部专家或顾问提供咨询意见,以帮助决策者更全面地评估风险和收益,并做出更加明智的决策。

5.锚定效应

锚定效应(anchoring effect)是心理学和行为经济学中的重要概念,最早由卡尼曼和特沃斯基在研究中提出,指人们在做出决策时,往往会过分依赖于最初获得的信息(即"锚点"),即使这些信息可能并不准确或具有代表性。这种对初始信息的过度依赖,会导致人们在后续的判断和决策中受到锚点的影响,难以做出客观、全面的评估。在企业合同管理中,锚定效应可能导致决策者过分依赖初始的合同条款,即使这些条款在后续谈判或审查过程中可能需要进行调整。例如,当合同草案首次提交给决策者时,决策者可能会基于这些初始条款形成固定的认知框架,并在后续的审查或谈判中难以摆脱这种影响。这可能导致决策者忽视了对合同条款的细致审查,错过了对不利条款的修改机会,或者对合同风险的评估不够全面。

为了预防与化解锚定效应在企业合同管理中的负面影响,可以采取以下应对措施。第一,保持开放心态。合同审查人员应保持开放的心态,避免对初始合同条款形成固定的认知框架。在审查合同时,应以客观、全面的视角审视合同条款,不受初始信息的影响。第二,引入多元视角。在合同审查过程中,可以邀请不同背景和专业领域的人员共同参与,以提供多元的视角和意见,这有助于打破对初始信息的过度依赖,发现可能存在的锚定效应。第三,强调动态审查。合同审查不应仅仅局限于初始阶段,而应贯穿于合同的整个生命周期。在合同执行过程中,应定期对合同条款进行审查和评估,及时发现并处理潜在的问题和风险。

6.框架偏误

框架偏误(framing bias)是心理学中的重要概念,最早由卡尼曼和特沃斯基在研究中提出,指人们在做出决策时,往往会受到问题呈现方式的影响,包括提问的方式、选项的设置以及信息的组织结构等。这种对问题框架的敏感性,会导致人们在面对实质内容相同但呈现方式不同的问题时,做出截然不同的决策。在合同审查与管理中,框架偏误可能导致合同条款的呈现方式显著影响决策者的判断。例如,当合同条款以收益的方式呈现时,决策者可能更倾向于接受这些条款,而忽略其中可能隐藏的风险或不利因素。相反,当合同条款以成本的方式呈现时,决策者可能会过度关注这些不利因素,而忽视条款中可能的利益或机会。

为了预防与解决框架偏误在合同审查中的负面影响,可以采取以下应对措施。第一,提高框架意识。合同审查人员应认识到框架偏误的存在,并时刻保持警惕。在审查合同时,应关注合同条款的呈现方式,避免受到其影响而做出不客观的决策。第二,采用中立表述。在起草和呈现合同条款时,应尽量采用中立、客观的表述方式,避免使用过于积极或消极的语言,这有助于减少框架偏误对决策者的影响,使其能够更全面地评估合同条款的利弊。第三,引入外部评估。在合同审查过程中,可以邀请外部专家或顾问对合同条款进行独立评估,从更客观、全面的角度审视合同条款,帮助决策者发现可能存在的框架偏误。

7.从众效应

从众效应(bandwagon effect),又称乐队花车效应,是社会心理学中的重要概念,指个体倾向于模仿他人行为,以获得社会认同或避免与社会主流观点冲突的心理现象。在决策过程中,从众效应可能导致个体忽视自身的理性分析和判断,而盲目追随他人的选择,即使这些选择可能并不符合自身的最佳利益。在合同管理中,从众效应可能导致决策者基于社会比较而非理性分析来做出决策。例如,当决策者面临复杂的合同时,他们可能会倾向于参考或模仿其他类似合同的处理方式,而不是根据合同的具体内容和企业的实际情况进行深入分析。这种决策方式容易忽略合同中的独特条款和风险点,从而给企业带来潜在的损失。

为了预防与解决从众效应在企业合同管理中的负面影响,可以采取以下应对措施。第一,培养独立思考能力。合同审查人员应具备独立思考和判断的能力,不盲目追随他人的决策。在审查合同时,应深入分析合同的具体内容和潜在风险,并根据企业的实际情况做出决策。第二,建立专业审查团队。企业应组建专业的合同审查团队,团队成员应具备丰富的专业知识和实践经验。通过团队合作和讨论,可以集思广益,减少从众效应的影响,提高决策的科学性和准确性。第三,引入外部专家意见。在合同管理过程中,可以邀请外部专家或法律顾问提供专业意见和独立观点,从而有助于打破从众效应的思维惯性,使决策者能够更全面地评估合同的利弊和风险。

8.过度自信

过度自信是心理学中重要的认知偏差,指个体往往高估自己的知识、能力和判断的准确性,同时低估风险或潜在问题的可能性,做出非理性的决策。在企业合同管理中,过度自信可能导致决策者对合同执行的过度乐观,从而忽视潜在的风险和问题。例如,当决策者认为自己对合同条款的理解和执行能力非常出色时,可能会低估合同执行过程中可能遇到的法律、财务或运营风险。这种过度自信可能导致对合同条款的审查不够细致,对潜在风险的评估不足,进而在合同执行过程中遇到问题时措手不及。

为了预防与解决过度自信在企业合同管理中的负面影响,可以采取以下应对措施。第一,培养风险意识。合同审查人员应时刻保持警惕,认识到任何合同都可能存在潜在风险。在审查合同时,应全面评估合同条款的利弊和风险点,确保对合同执行过程中可能遇到的问题有充分的了解和准备。第二,建立风险评估机制。企业应建立完善的风险评估机制,对合同执行过程中可能遇到的风险进行定期评估和分析。这有助于及时发现潜在问题，并采取相应的预防措施，降低风险发生的可能性。第三，引入外部审计和咨询。在合同管理过程中，可以邀请外部审计机构或专业咨询公司提供独立意见，以专业视角发现合同审查人员可能忽视的问题和风险，提高决策的科学性和准确性。

(四)推进合作

1.推进合作的重要性：合同创造价值

在合同管理中，推进合作是核心理念。合同不仅是法律上的确权文件，更是商业活动中创造价值的重要工具。通过合同，各方能够清晰地界定权利与义务，为资源的有效配置和利用提供坚实的框架，从而极大地促进经济效益的产生和财富的增长。经济学基本原理指出，自由交易能让双方都获利，因而合作是创造价值的重要途径。通过合作，各方能够整合各自的资源和优势，实现优势互补，从而提高生产效率，增加双方利益。在合同的签订和执行中，强化推进合作的理念，能够让各方共同应对挑战，分享机遇，从而实现共赢。推进合作的理念，不仅有助于创造价值，还能为未来的合作奠定坚实的基础，从而推动商业关系的长期发展。

2.推进合作的重要性：合同降低交易成本

在商业活动中，交易成本普遍存在，包括信息搜寻、谈判、签约、执行和监督等各项费用，这些交易成本不仅影响着企业的运营效率，还直接关系到商业合作的成功与否。降低交易成本，对于提升企业的竞争力、促进商业合作的顺利进行具有重要意义。通过减少不必要的费用支出，企业可以将更多资源投入核心业务中，从而提高整体经济效益。

推进合作从而减少交易成本是商业活动的重要理念。在合作过程中，双方通过充分沟通、协商，可以就交易条件达成一致，从而降低因信息不对称或误解而产生的交易成本。合同作为商业合作的重要法律文件，在降低交易成本方面发挥着至关重要的作用。首先，合同通过明确双方的权利和义务，减少了交易过程中的不确定性。在合同执行中，交易双方可以就交付时间、付款条件、质量标准等关键条款达成一致，从而避免了因误解或争议而产生的额外成本。这种确定性不仅有助于维护双方的合法权益，还能提高交易效率，降低因纠纷处理而带来的时间和金钱成本。其次，合同通过设定违约责任和争议解决机制，增强了交易的稳定性和可预测性。当一方违反合同条款时，另一方可以依据合同规定追究责任，或明确地选择纠纷解纷方式,从而降低解纷成本。最后,合同还能够促进信息交流和信任建立,通过消除信息不对称与增强信任感,降低双方的交易成本。

3.合同中推进合作的具体方法

在企业合同管理中,推进合作须遵循一系列具体策略。首先,强化合同谈判阶段的沟通与协作,超越立场对立,探索双赢方案。通过采取开放而透明的沟通模式,双方能够深入洞察对方的需求与期望,共同制定出既遵循法律精神又贴合商业愿景的合同条款,为合作奠定坚实的基础。

其次,在合同设计阶段融入对利益相关方的全面考量,确保条款的公正性与平衡性,是维系并促进长期合作关系的核心要素。在合同草拟的初步阶段,法律专家与决策层须广泛收集并综合评估来自客户、供应商、合作伙伴等多方面的意见与利益,力求在合同中实现各方权益的合理分配与保护,为合作的持久发展铺设道路。

再次,合同执行阶段应持续推动透明化沟通,构建快速响应机制以应对执行过程中涌现的任何挑战。双方须建立高效的沟通渠道,确保任何潜在问题都能被及时识别并迅速解决,这种积极主动的沟通氛围有助于加深相互信任,减少因误解而生的摩擦与冲突,进而有效控制争议解决的成本与复杂度。

复次,构建完善的合同审查与管理合作机制,诸如定期审查会议与反馈循环,确保合同的动态优化。通过合作机制,合作各方能够共同监控合同执行情况,灵活调整条款以适应外部环境(如市场与法律)的变迁,确保合作始终沿着高效、合规的轨道前行。

最后,充分利用现代科技手段,如合同管理系统与数字化平台,能够显著提升合同处理的效率与合作的流畅度。这些先进工具能够自动化执行合同的存储、检索、提醒等关键流程,大幅减少人为错误与时间损耗,同时增强合同管理的透明度与可追溯性,为合作双方提供更加便捷、安全的合作体验。

(六)不当理念

厘清企业合同管理中的不当理念,在于揭示那些看似合理实则阻碍合作与降低效率的思维误区,如过度追求完美、狭隘的公平观、法律中心主义等。这些不当理念容易导致合同设计僵化、执行效率低下,甚至错失合作良机。通过深入剖析这些理念,可以避免陷入思维定式,促进合同管理更加贴近商业现实,提高合同效率与灵活性,为企业的稳健发展和市场竞争力提供有力支撑。

1.完美主义及其问题

完美主义是指在企业合同管理中,过分追求合同条款的尽善尽美和绝对无误。这种观念往往源于对合同法律效力的过分重视,以及对潜在法律风险的深层忧虑。在完美主义的驱动下,合同审查者可能会不遗余力地寻找每个可能的漏洞,力求制定出无懈可击的合同条款。完美主义在合同审查中的表现多种多样。例如,审查者可能会过度关注合同的细节,对每个用词、每个标点都进行反复推敲;或者要求合同涵盖所有可能的情景和应对方案,以确保在任何情况下都能有法可依、有章可循。这种对完美合同的执着追求,不仅耗费了大量时间和精力,还可能对合同的签订和执行产生诸多不利影响。

2.过度追求完美合同存在以下弊端

首先,过度追求完美合同会导致成本效益的严重失衡。为了制定完美合同,审查者需要投入大量的时间、精力和金钱,进行反复的法律咨询、条款修改和谈判。但是,这些投入可能远远超过了合同本身所能带来的经济效益。在激烈的市场竞争中,这种成本效益失衡会使企业错失宝贵的商业机会,甚至导致经营成本的上升和盈利能力的下降。其次,在追求合同条款完美无瑕的同时,可能会忽略市场变化、行业发展以及他方诉求,这不仅使合同无法适应复杂多变的商业环境,还削弱合同的灵活性和可执行性。最后,过度追求完美的合同还可能降低合同的执行效率。由于合同条款过于烦琐和复杂,双方在执行过程中可能需要花费更多的时间和精力来理解和遵守。这不仅会增加双方的合作成本,还可能引发不必要的争议和纠纷。在极端情况下,看似完美的合同可能会因为执行效率低下而变得毫无价值。

3.公平主义及其问题

公平原则作为社会正义和法学理论的重要内容,其核心在于确保每个人在社会生活中都能得到公正、平等、无差别的对待。在合同法的语境下,公平原则要求合同双方在签订和执行合同过程中,应当遵循公平、诚实信用原则,确保合同内容的公正性和合理性。但是,在合同审查与管理中,公平原则演化出过度强调双方对等而忽视实际情况的"公平主义"。

公平主义在合同实践中存在局限性。一方面,主观感受的差异。公平感是主观感受,不同的人对公平的理解可能存在差异。在合同起草与审查中,强调绝对公平,会导致双方对合同公平性产生不同看法,从而导致争议、提高缔约成本。另一方面,现实经济地位的差异是导致合同双方不平等的重要因素。在市场竞争中,大型企业或拥有更多资源的一方,往往具有更强的谈判能力和议价能力,所以,合同双方地位不对等是弱势方需理性面对的博弈现实。

虽然公平原则是合同法的基本原则之一,但过度追求公平的"公平主义"会阻碍合作。在合同谈判和缔约中,如果双方过于强调公平原则,可能会导致谈判陷入僵局。此外,绝对公平的实现往往需要付出高昂的成本,包括时间、精力和金钱等。这些成本可能会超过合同本身所能带来的利益,从而降低了合作的效率和经济性。因此,在合同实践中,双方需要在公平原则的基础上寻求妥协和平衡,以确保合作的顺利推进。

4.法律中心主义及其问题

法律中心主义是一种强调法律在社会、经济和商业活动中核心地位的观念。法律中心主义通常表现为对法律规范的严格遵循,以及对法律解释和适用的高度重视。在法律中心主义的视角下,法律被视为解决社会问题的主要工具,甚至在某些情况下,忽视其他社会、经济和商业因素的考量。法律中心主义倾向于将法律视为封闭、静态的体系,而忽视了法律与社会变迁之间的动态关系。

法律中心主义在企业合同管理中存在负面影响。第一,忽视商业利益与市场需求。在法律中心主义的指导下,合同审查往往过于注重法律条款的合规性,而忽视了合同背后的商业利益和市场需求,可能导致合同条款过于烦琐、复杂,甚至与商业实践脱节,从而增加了合同执行的成本和风险。第二,导致合同过于僵化,不适应市场变化,缺乏灵活性。在快速变化的市场环境中,过于严格的合同条款可能无法适应市场变化,导致合同无法有效执行或需要频繁修改。这不仅增加了合同管理的复杂性,还可能影响企业的商业效率和竞争力。第三,法律风险是合同审查与管理中不可忽视的重要因素,但它并非唯一风险,在实践中,还需要综合考虑战略风险、财务风险、市场风险、运营风险等其他类型的风险。法律中心主义往往过于强调法律风险,而忽视了其他风险的存在和重要性,从而可能导致风险管理的片面性和不完整性。

5.模板主义及其问题

模板主义,是指在合同制定、项目管理、设计创作等多个领域中,过度依赖标准模板或范本,而缺乏针对具体情况的灵活调整和个性化定制。这种倾向源于对效率的追求和对不确定性的规避,希望通过现成的模板快速完成工作任务,从而减少思考和创新的消耗。

模板主义在企业合同管理过程中存在负面影响。第一,模板主义的显著问题是可能导致合同或其他法律文件中遗漏关键条款。由于模板通常是为了满足一般性的需求而设计,可能无法涵盖特定交易或项目的所有细节和特殊要求,如果使用者不对模板进行充分的审查和必要的调整,就可能会遗漏特定合同的重要条款,如违约责任、争议解决方式、保密条款等,从而导致后续执行过程中引发争议。第二,模板主义导致合同或其他文件缺乏灵活性和适应性。由于模板的标准化,无法适应快速变化的市场环境和特定的商业需求。当市场环境或商业条件发生变化时,如果合同或文件仍然遵循原有的模板,就可能会失去竞争力或无法满足新的需求。第三,过度依赖模板可能限制创新和个性化的发展。模板通常提供的是标准化的解决方案,无法充分反映使用者的独特需求或创意。在需要创新和个性化的领域,如设计创作、项目管理等,模板主义可能会阻碍创意的发挥和个性化的实现。第四,模板主义还可能增加风险和不确定性。由于模板可能无法涵盖所有可能的风险和情况,使用者可能会面临未知的风险和不确定性,从而引发在履约、解纷等方面的负面影响,甚至导致经济损失。

二、企业合同管理的基本理论

(一)SWOT 分析理论

SWOT 分析,全称为优势(strengths)、劣势(weaknesses)、机会(opportunities)和威胁(threats)分析,是常用的战略规划工具,用于全面评估组织的内部资源和外部环境,为制定合理、有效的战略决策提供依据。在合同审查与合同管理中,SWOT 分析同样具有重要的应用价值。

1.合同审查阶段

(1)优势分析。利用组织内外部的优势资源,如专业团队和技术实力,对合同条款进行细致审查,确保合同内容符合组织利益。

(2)劣势识别。识别审查过程中可能存在的劣势,如缺乏专业审查人员或审查流程烦琐,及时调整审查策略,提高审查效率和准确性。

(3)机会把握。关注市场环境变化,如市场需求增长或技术进步,为合同内容提供创新性的建议,增强合同竞争力。

(4)威胁防范。分析法律法规变化和竞争对手动态,预测潜在的威胁,并在合同条款中设置相应的风险防范措施。

2.合同管理阶段

(1)优势发挥。利用组织在合同管理方面的优势,如完善的审查流程和风险管理机制,确保合同执行过程中的合规性和安全性。

(2)劣势改进。针对信息沟通不畅等劣势或问题,加强内部协作与沟通,提高合同管理的效率与效果。

(3)机会利用。把握市场机会,如行业合作机会增多,积极寻求合作伙伴,拓展业务范围。

(4)威胁应对。针对法律法规变化和市场竞争压力等威胁,制定应急预案和风险管理策略,确保合同管理的稳定性和可持续性。

(二)SMART 分析理论

SMART 原则,即具体性(specific)、可衡量性(measurable)、可达成性(achievable/attainable)、相关性(relevant)和时间限制性(time-bound),是广泛应用于目标设定和评估的方法。它不仅在项目管理、企业战略规划等领域发挥着重要作用,在企业合同管理中同样也具有重要的应用价值。

1.具体性。在合同审查中,具体性要求合同的每项条款都必须清晰明确,避免模糊不清的表述。例如,合同中关于标的物的描述、数量、质量、价格、交付方式、付款条件等,都需要具体详尽,确保双方对合同内容有准确且一致的理解。具体性不仅有助于减少误解和争议,还能在合同履行过程中提供明确的指导。

2.可衡量性。可衡量性要求合同中的质量标准、服务标准等能够量化,以便跟踪进展和评估结果。在合同中,能量化的指标应尽量量化,如交货时间、质量标准、服务满意度等。对于难以量化的内容,也应通过具体的描述和衡量标准来确保其可衡量性。例如,在餐饮服务合同中,可以通过菜品数量、用户满意度、投诉率等指标来衡量服务质量。

3.可达成性。可达成性要求合同中的目标必须是可达成的。在设定合同条款时,应考虑资源、能力和时间等限制因素,避免设定过高或无法实现的目标。例如,在销售合同中,设定的销售目标应基于市场情况和公司的实际销售能力,确保目标既具有挑战性又是可实现的。

4.相关性。相关性要求合同中的目标必须与整体业务战略方向相关,确保合同的履行能够推动整体业务的发展。在审查合同时,应关注合同条款是否与公司的长期规划、市场策略等保持一致,确保合同的签订能够为公司带来长期且整体的利益。

5.时间限制性。时间限制性要求合同中的每项条款都应设定明确的时间框架,以推动双方按时履行合同义务。在合同中,应明确交货时间、付款时间、服务期限等关键时间节点,确保双方能够按时履行合同。时间限制性的设定不仅有助于提高效率,还能为合同履行过程中的评估和调整提供具体的时间参考。

(三)流程分析理论

流程分析是一种系统性的方法,通过详细审查和评估一系列相互关联的活动或步骤,以识别流程中的瓶颈、冗余和潜在改进机会。流程分析涉及对现有流程的深入理解和分析,从而提出优化建议,提高运营效率,减少资源浪费。流程分析不仅关注流程本身,还考虑流程与组织战略、资源配置以及客户需求之间的匹配度。在企业合同管理中,流程分析直接关系到企业的法律合规性、风险控制和经济效益。

合同审查是确保企业合法权益、防范法律风险的关键环节。对合同审查流程进行深入分析,首先须明确审查的起点到终点,包括合同起草、内部审核、法律审查、谈判修改、最终审批及签署等各个阶段。在这些流程中,每个环节都可能存在潜在问题,如信息沟通不畅、审查标准不统一、审批流程冗长等。在起草阶段,问题可能源于条款表述不清、遗漏关键信息或不符合法律法规要求。在内部审核阶段,部门间协作不畅可能导致审查周期延长,影响合同签订时效。在法律审查阶段,专业法律知识不足或审查不严谨,可能留下法律漏洞。在谈判修改阶段,缺乏有效的谈判策略和沟通机制,可能导致企业利益受损。在最终审批及签署阶段,决策层级过多或审批流程复杂,会拖延合同生效时间。针对上述问题,流程分析应提出简化流程、标准化审查模板、加强跨部门协作、提升法律团队专业能力等改进措施,以提高合同审查的效率和质量。

合同管理涵盖了从合同准备、执行监控到归档保管的全过程。流程分析在此领域的应用,旨在构建从合同生成到终止的闭环管理系统,确保流程顺畅、高效,同时降低管理成本。在合同准备阶段,应建立合同模板库,规范合同条款,减少重复劳动。在执行监控中,实施合同进度跟踪和绩效评估,及时发现并解决执行中的偏差。在变更管理中,明确合同变更的审批流程和责任归属,确保变更合法合规。在风险管理中,建立风险预警机制,对合同履行中的潜在风险进行定期评估。在归档保管中,实现合同电子化管理,便于查询和审计,提高档案管理效率。通过全面梳理合同管理流程,识别并解决流程中的瓶颈和冗余,可以显著提升合同管理的规范性和效率,降低因管理不善导致的法律风险和成本增加。此外,持续优化合同管理流程,还能促进企业合同管理能力的不断提升,为企业的稳健发展提供有力保障。

(四)双扣合理论

双扣合理论,是指在企业合同管理中双方的权利与义务一环扣一环,强调合同双方利益紧密相连、形成相互制约与平衡状态的管理理论。该理论的核心在于,通过精细设计合同条款与结构,确保合同双方的权利与义务在一种动态平衡中得以体现,既不过度偏向任何一方,又能有效激发双方的积极性与责任感,共同推动合同目标的实现。这种"双扣"的比喻形象地揭示了合同双方如同两颗紧密相连的齿轮,彼此咬合、相互依赖,共同驱动合作机制的顺畅运行。

在合同审查阶段,双扣合理论的应用主要体现在以下几个方面。第一,条款平衡性审查。审查人员须确保合同条款中双方的权利与义务设置合理、对等,避免出现单方面倾斜的情况。通过双扣合理论,可以识别并调整那些可能导致一方过度受益或另一方承受不公平风险的条款,确保合同基础的公平性与合理性。第二,风险共担机制设计。在合同中融入风险共担的原则,明确双方在合同履行过程中可能遇到的风险及其分担方式。这有助于增强双方的责任感和风险意识,共同应对不确定性,减少因风险分配不均而引发的纠纷。第三,绩效与奖惩机制。通过设定明确的绩效标准和奖惩机制,激励合同双方积极履行合同义务,提高合同执行效率。这种机制的设计须基于双扣合理论,确保奖惩措施既不过于严苛也不过于宽松,以维持双方合作的稳定性和持续性。

在合同管理层面,双扣合理论的应用则更加注重于促进双方的长期合作与共赢发展。第一,建立沟通机制。鼓励合同双方建立定期沟通机制,及时交流合同履行情况、遇到的问题及改进建议。这有助于增进双方的理解和信任,减少误解和冲突,是双扣合理论"紧密关联"原则的具体体现。第二,合作优化与调整。在合同执行过程中,根据市场变化、双方需求及合同履行情况,适时对合同条款进行协商调整,以优化合作模式,实现双方利益的最大化。这种灵活性是双扣合理论"相互制约"与"动态平衡"的必然要求。第三,长期合作关系构建。通过双扣合理论的应用,促进双方从单次交易向长期合作关系的转变。这包括建立信任机制、共享资源、共同开发新市场等,以实现双方价值的共同提升和持续发展。

(五)管道理论

管道理论是指将合同管理过程比作一条精密的管道,强调信息在管道中的流畅传递与风险的有效控制。理论的核心在于,通过建立高效、透明的信息传递机制,确保合同从起草、审查、执行到归档的每个环节都能实现信息的无缝对接与及时共享,同时,对潜在的风险进行识别、评估与有效管控,以保障合同管理的顺畅与高效。

在合同审查环节中,管道理论的应用如下。第一,信息沟通的畅通无阻。合同审查不仅仅是法律条文的核对,更是对合同背后商业意图、双方权益平衡的深度理解。因此,审查过程中必须确保所有相关信息能够在审查团队内部及与业务团队之间自由流动,避免因信息不对称而导致的审查疏漏或误解。第二,审查流程的标准化与透明化。借鉴管道理论的"流程化"思维,合同审查应建立一套标准化、可追踪的流程体系。这不仅包括审查步骤的明确界定,还涉及审查意见的记录与反馈机制,确保审查结果的准确性与全面性,同时提升审查效率。第三,风险识别与预警。管道理论还强调在合同审查阶段即应开始风险识别工作,通过建立风险清单、设置风险预警指标等方式,将潜在风险纳入管理视野,为后续的风险应对与管控打下坚实基础。

将管道理论延伸至合同管理的全生命周期,其应用主要体现在以下几点。第一,构建合同管理信息系统。借助现代信息技术,打造合同管理信息系统,实现合同从起草、审查、签署、执行到归档的全链条信息化管理。这不仅能够大幅提升合同处理速度,还能通过数据分析为管理决策提供有力支持。第二,强化合同执行监控。管道理论强调对合同执行过程的实时监控与反馈。通过内容管理系统(content management system,CMS),可以实时追踪合同进度、监控关键绩效指标,一旦发现执行偏差,立即触发预警机制,及时采取措施进行调整。第三,优化合同档案管理。合同管理信息系统还能实现合同档案的电子化存储与智能检索,解决传统纸质档案管理中的查找困难、易丢失等问题,确保合同信息的长期保存与快速访问。

(六)沙盘推演理论

沙盘推演,在企业合同管理中是高度模拟与预测性的分析方法。它借鉴了军事战略中的"沙盘推演"概念,通过构建虚拟的合同执行环境,模拟合同从签订到履行完毕的全过程,旨在提前识别并评估潜在的法律风险、商业风险以及执行障碍。沙盘推演能够使合同管理团队在合同签订前就对未来可能出现的各种情况有更为清晰的认识和准备,从而制定出更为周全的合同条款和风险防控措施。

在合同审查阶段,沙盘推演的应用主要体现以下几点。第一,风险前瞻识别。通过沙盘推演,可以模拟合同在不同情境下的执行过程,从而揭示出那些在传统审查中难以发现的潜在法律风险和商业风险。这包括合同条款的模糊性、执行过程中的不确定性以及外部环境变化可能带来的影响等。第二,条款优化建议。基于沙盘推演的结果,审查团队可以对合同条款进行针对性的优化和调整,以更好地应对潜在风险。例如,通过增加灵活性条款、明确违约责任、设定争议解决机制等方式,增强合同的适应性和可执行性。第三,谈判策略制定。沙盘推演还有助于审查团队在合同谈判中占据更有利的位置。通过模拟对方可能的反应和策略,审查团队可以制定出更为有效的谈判策略,争取更有利的合同条款。

在合同管理层面,沙盘推演的应用则更加注重于风险防控策略的制定与实施。第一,风险应对策略制定。根据沙盘推演中识别出的风险点,管理团队可以制定出详细的风险应对策略。这包括风险规避、风险转移(如通过保险或第三方担保)、风险减轻以及风险接受等策略,以确保在合同执行过程中能够迅速、有效地应对各种风险。第二,应急响应计划制定。沙盘推演还可以帮助管理团队制定出针对特定风险的应急响应计划,包括明确应急响应的触发条件、责任分工、行动步骤以及资源调配等,以确保在风险发生时能够迅速启动应急机制,减少损失。第三,持续监控与评估。沙盘推演不应是一次性的活动,而应成为合同管理过程中的常态。通过定期或不定期地进行沙盘推演,管理团队可以持续监控合同执行过程中的风险变化,评估风险防控策略的有效性,并根据需要进行调整和优化。

(七)法律意识理论

法律意识理论,指在合同审查与管理中,要综合研判法律法规、司法解释以及具有法律约束力的相关规范性文件,还要深入理解法律原则、法理精神、司法实践中的判例逻辑,以及提升法律素养和合规意识。法律意识理论为合同的签订、履行、变更及争议解决提供了全方位的法律指导与理论支撑,确保了合同活动的合法性与合规性,为合同双方构建了稳定的法律预期和明确的权利义务边界。

在合同审查阶段,法律意识理论的应用体现以下方面。第一,法律原则与精神的内化。合同审查不仅要求条款符合具体法律法规的字面规定,更需要将法律的基本原则和精神,如公平、诚实信用等,内化为合同条款的精神内核。通过法律意识理论的指导,审查人员能够更准确地把握法律的精神实质,确保合同条款的合法性与合理性。第二,判例逻辑的借鉴与融合。法律意识理论强调对司法判例中的逻辑与智慧的借鉴与融合。在合同审查过程中,审查人员可以深入剖析相关判例,对合同条款的合理性、可执行性作出更为精准的评估,从而有效规避潜在的法律风险。第三,条款创新与合规优化。基于法律意识的深入理解,审查人员可以在确保合法合规的前提下,对合同条款进行创新与优化,使其既符合商业实践的需要,又能够充分体现法律原则和精神,提升合同的法律效力和保护力度。

在合同管理层面,法律意识理论的应用则更加注重于构建合法合规、高效稳健的合同管理体系。第一,合同管理政策的法律基础。企业应根据法律意识理论,制定具有坚实法律基础的合同管理政策,不仅要符合法律法规的具体要求,还要体现法律原则和精神,为合同管理活动提供明确的法律指导。第二,流程设计的法律风险评估。在合同管理流程的设计和优化过程中,应运用法律意识理论对流程的法律风险进行全面评估。通过识别潜在的法律风险点,并设计相应的控制措施,确保合同管理流程的合法性与规范性。第三,法律培训与意识提升。企业应定期组织合同管理相关人员参加深入的法律培训,重点讲解法律意识理论及其在合同管理中的应用。通过培训,提升员工的法律素养和合规意识,促进合同管理文化的建设与发展,形成全员尊法、学法、守法、用法的良好氛围。

第一章　企业合同管理概述

当今的商业环境复杂多变,企业合同不仅是双方或多方之间经济交易的法律凭证,更是企业运营风险防控、资源优化配置以及合法权益保障的关键所在。随着市场经济的发展,企业合同的种类、数量及复杂性日益增加,高效、精准地进行合同审查与合同管理,已成为现代企业不可或缺的核心竞争力之一。

合同审查作为企业合同管理的前端环节,其核心在于通过法律专业人士的细致审核,确保合同条款的合法性、合规性、完整性和公平性,从而有效预防潜在的法律风险,保障企业经济活动的顺利进行。这个过程不仅要求审查者具备深厚的法学理论基础,还需要对企业所在行业的法律法规、市场惯例及商业实践有深入的理解。企业合同管理,则是涵盖合同生命周期的全方位动态过程,包括合同起草、审批、签署、执行、变更、终止及归档等多个环节。有效的合同管理不仅能够提升企业的运营效率,还能在发生纠纷时提供有力的法律支持,维护企业的合法权益。

本章将围绕企业合同管理的基本概念、重要性、原则及实践中的常见问题等展开探讨,旨在构建全面、系统的合同审查与合同管理知识体系。通过深入分析合同审查的关键要素、方法技巧以及合同管理策略,帮助企业法务从业人员、管理人员及其他相关人员提升合同处理能力,优化合同管理流程,为企业的稳健发展提供坚实的法律保障。

第一节　企业合同概述

一、合同的定义与基本特征

(一)合同的定义

汉语中,合同也称契约,而"契"由来已久,清代翟灏在《通俗编·货财》一书中写道:"今人产业买卖,多于契背上作一手大字,而于字中央破之,谓之合同文契。商贾交易,则直言合同而不言契。其制度称谓,由来俱甚古矣。"[①]在古汉语的语义理解上,"契"既指一种协议过程,又指一种协议结果。《说文解字》的解释是:"契,大约也。"这里的"大约",是指邦国之间的一种盟约、要约。为了保证这种盟约有效,还要辅之以"书契"。"书契,符书也",是指用来证明出卖、租赁、借贷、抵押等关系的文书,以及法律条文、案卷、总账、具结等。可见,在中国古代,契约作为一种盟约和约定的媒介或形式已经出现。

从解释论的角度来看,合同,就其实际状况而言,林林总总,如买卖汽车、租赁房屋、定做家具、运送货物,中央和地方的分税,有关流域的水资源分配,遗赠抚养收养等等都会涉及。其中,有些是交易的法律形式,也有些是身份的法律表现,还有些是行政协议。[②]

"合同,在事实上是财产和劳务进行交换的法律工具,而这些被交换的财产和劳务正是社会化生产的基础或前提;这种法律工具对于创造社会财富而言是非常必要的,因此,合同被认为是企业从事经济生活并得以自由经济的体现。"[③]在西方,如意大利,传统民法理论仍然在使用"法律行为"的术语,但基本上都指合同;他们经常把遗嘱和婚姻排除在外,合同与法律行为具有同样的意义,法律行为就是合同。[④]在东方,中国的民法典专门设立了

---

① (清)翟灏:《通俗编》卷二十三《货财》。

② 参见崔建远:《合同解释论:规范、学说与案例的交互思考》,中国人民大学出版社2020年版,第3页。

③ [意]弗朗切斯科·加尔加诺:《论合同》,张红译,载徐涤宇、[意]桑德罗·斯奇巴尼主编:《罗马法与共同法》,法律出版社2012年版,第132页。

④ [意]弗朗切斯科·加尔加诺:《论合同》,张红译,载徐涤宇、[意]桑德罗·斯奇巴尼主编:《罗马法与共同法》,法律出版社2012年版,第132页。

合同编,《民法典》第 464 条规定:"合同是民事主体之间设立、变更、终止民事法律关系的协议。"

简单来说,合同应是指两个或多个当事人依据法律规定,通过协商一致而达成的书面或口头协议。其主要目的是设立、变更或终止民事权利和义务关系。作为一种法律工具,合同在商业交易和企业管理中发挥着核心作用,通过明确各方的权利和义务,确保交易的合法性和有效性,并为解决争议提供法律依据。

(二)合同的基本特征

首先,合同具备法律约束力。一旦合同成立,合同当事人必须按照约定履行各自的义务,否则将面临违约责任。法律约束力确保合同条款的实施,并为当事人提供了法律保障。

其次,合同订立是基于平等自愿的原则。即合同双方通过平等协商,自愿达成一致,不得通过胁迫、欺诈或不当手段迫使对方签署合同,这保证了合同的公平性和合法性。

再次,合同的成立需要意思表示一致,这意味着合同当事人必须就合同的主要条款达成一致,双方的意图和理解需要相互一致。一致性是合同有效性的基础,确保了合同条款能够被双方执行。

最后,合同的内容与形式必须具备合法性。合同不得违反法律的强制性规定或社会公共利益。合同的合法性不仅是合同效力的基础,也确保了合同履行的合法性。

二、合同的分类

(一)按合同内容分类

合同根据内容可以分为以下主要类型。第一,买卖合同,涉及商品或服务的买卖,是商业交易中最常见的类型,通常包括商品或服务的详细描述、价格、交付方式以及相关的责任和义务。第二,服务合同,指的是提供劳务服务的协议,例如顾问合同或劳务合同,明确了服务的性质、范围、期限以及费用等条款。第三,租赁合同,这种合同涉及财产的使用和收益,比如设备租赁或不动产租赁等。在租赁合同中,通常会规定租赁物品的描述、租赁期限、租金以及双方的权利和义务。第四,借款合同,用于约定借款人与贷款人之间的借贷关系,包括借款金额、利率、还款期限等条款。第五,建设工程合同,涉及建设项目的施工,规定工程的范围、质量标准、工期以及付款方式等内容,是建筑和工程领域中必不可少的合同形式。

(二)按合同形式分类

合同根据其形式可以分为以下类型。第一,书面合同,是指以书面形式记录的合同,这种形式的合同具有明确的法律效力,便于保存和查阅,通常更易于证明和执行。第二,口头合同,通过双方口头协商达成,虽然在某些情况下也具有法律效力,但由于难以证明和执行,通常不如书面合同稳妥。第三,默示合同,通过当事人的行为或默认方式达成,通常基于商业惯例或长期合作关系,其存在和条款往往不以书面形式记录,因此其证明和执行相对较难。

(三)按合同效力分类

合同根据其效力可以分为以下类型。第一,有效合同,是指符合合同法规定、依法成立并具备法律约束力的合同。这种合同在法律上有效,双方必须履行约定的条款。第二,无效合同,是指不符合法律规定的合同,例如合同内容违法或当事人的意思表示不真实。这种合同自始无效,不产生法律效力。第三,可撤销合同,指在订立合同时存在重大误解、欺诈、胁迫等情况时,一方当事人有权请求撤销该合同。这种合同在撤销前仍具有法律效力。第四,效力待定合同,指效力须待特定条件成就后才能确定,例如未成年人签订的合同,需要经过监护人追认才能生效。

三、合同的构成要素

(一)主体

合同主体是合同双方或多方当事人。主体必须具备相应的民事权利能力和行为能力,这意味着合同的签署方应为法律上能够承担权利和义务的个人或组织。例如,公司、个人或其他组织均可作为合同主体。对于公司而言,其签订合同的资格须合法有效,通常由法定代表人或经过授权的代理人进行签署,以确保合同的有效性和法律约束力。

(二)标的

合同标的是合同所涉及的对象,包括商品、服务、技术或资金等。标的必须具体明确、合法且具备可实现性。例如,买卖合同中的标的是商品或服务的具体描述,服务合同中的标的是提供的服务类型和内容。标的具体明确可以确保合同各方对交易对象有一致的理解,避免因标的不明确而产生争议。

(三)意思表示

合同意思表示指当事人通过明示或默示方式表达的意愿。意思表示必须是真实、自愿且一致的。如果当事人的意思表示不真实或存在强制、欺诈等情况,合同可能会被认定为无效或可撤销。明确的意思表示确保合同的合法性和有效性,是合同得以成立的基础。

(四)内容

合同内容是指合同当事人双方就权利和义务关系达成的具体协议。合同内容通常包括合同的标的、价款或报酬、履行期限和方式、违约责任等条款。这些条款约定各方的权利和义务,是合同履行的依据。合同内容的清晰与全面对于合同的执行和纠纷解决至关重要。

(五)形式

合同形式是指合同的表现方式,通常包括书面、口头和默示形式。法律规定某些类型的合同必须采用书面形式,如房地产买卖合同、借款合同等。书面合同有助于提供明确的证据,便于保存和查阅,通常被认为是最具法律保障的合同形式。口头合同和默示合同在某些情况下也具有法律效力,但由于难以证明和执行,相对不如书面合同稳妥。

四、合同的基本原则

(一)契约自由原则

契约自由原则(freedom of contract)是近代民法的基本原则,内容包括是否缔结契约的自由(缔约自由)、与谁缔结契约的自由(对象选择自由)、订立什么内容契约的自由(内容自由)、以何种方式订立契约的自由(方式自由)。[1] 契约自由原则是合同法的核心,指合同当事人在法律允许的范围内,有权自主决定是否订立合同以及合同的具体内容。契约自由原则体现了市场经济中的自由交易精神,允许各方根据自身需求和意愿制定协议。然而,这种自由必须在法律框架内行使,不得侵犯社会公共利益或第三人的合法权益。例如,当事人在合同中约定的条款必须符合法律规定,不得违背法律的强制性条款。

(二)诚实信用原则

诚实信用原则是市场经济活动中的道德准则。[2] 诚实信用原则要求合

---

[1] 参见陈自强:《民法讲义一:契约之成立与生效》,法律出版社2002年版,第160页。

[2] 参见徐国栋:《诚实信用原则研究》,中国人民大学出版社2002年版,第148页。

同当事人在合同的订立和履行过程中,必须保持诚实和信用,不得采取欺诈、隐瞒或误导等不正当行为。台湾地区学者曾世雄也指出,诚信原则适用于一切权利之行使及义务之履行,因而衍生若干常见引用之原则,如权利禁止滥用原则,义务须符合本旨原则等。[①] 诚实信用原则是合同法的基本要求,贯穿于合同的整个生命周期。它强调了当事人之间的信任关系,确保了合同的公正性和透明度,有助于维护良好的商业道德和社会秩序。

(三)平等原则

平等原则强调规定合同当事人在法律地位上是平等的。在合同谈判和订立过程中,双方应平等协商、充分沟通,合同条款不得明显偏向一方。平等原则确保了合同双方在权利和义务上的平等对待,防止了权利的不对等和不公平交易。例如,在合同条款的制定中,双方应就各自的权利和义务进行充分讨论,达成平等的协议。

(四)公平原则

公平原则要求合同条款应公平合理,不得出现显失公平的条款。当合同的某些条款明显不公平时,一方有权请求人民法院或仲裁机构进行变更或撤销。公平原则旨在保护合同当事人的基本权益,防止因不公平条款而导致的一方严重不利。公平原则确保了合同的公正性,有助于维护社会的稳定和秩序。

五、合同的重要性及风险管理

(一)合同的重要性

"起草合同的重要性怎么强调都不为过,因为它是所有商业交易的基础,并为有关各方提供了一个明确的框架。"[②]合同在企业商业交易和管理中扮演着至关重要的角色。首先,合同能够明确权利义务。通过合同的制定,各方可以清楚地了解各自的权利和义务,从而减少争议的发生。明确的合同条款有助于避免因模糊或不明确的约定而引发的法律纠纷。其次,合同能够保障合法权益。合同作为一种法律工具,通过明确各方的义务和责

---

① 参见曾世雄:《民法总则之现在与未来》,中国政法大学出版社 2001 年版,第 40 页。

② 参见 J. L. Smith, *Principles and Practices of Commercial Contract Law*, Academic Press, According to Smith , 2019, p.123, "The importance of drafting a contract cannot be overstated, as it serves as the foundation for all business transactions and provides a clear framework for the parties involved."

任,能够有效地保护企业的合法权益,降低法律风险,避免因权益不明确而带来的损失。最后,合同还规范商业行为。通过规定交易和合作的具体规则,合同有助于规范企业间的商业行为,维护市场秩序,有助于建立长期稳定的商业关系。

(二)合同风险管理

在合同管理中,风险管理是关键。首先是法律风险管理。在合同的订立和履行过程中,应注意合同内容的合法性,确保条款清晰明确,避免因合同条款违反法律法规而导致法律风险。严格审查合同条款,确保合同的合法合规,是防范法律风险的基础。同时,企业应采取有效的风险管理措施,如进行合同审查、风险评估、合同履行跟踪等,以确保合同顺利履行,降低风险损失。[①] 其次是违约风险管理。合同中应合理设计违约条款,明确违约责任和救济措施。这包括规定违约的具体情形、违约金的数额以及其他救济措施,以减少违约风险的发生,并为可能的纠纷提供清晰的解决方案。此外,财务风险管理也是合同管理的重要方面。合理设置付款条件和担保条款,可以有效防范因合同履行问题导致的财务风险。例如,规定明确的付款时间、方式及担保措施,确保企业在合同履行过程中不会面临严重的财务困境。

第二节 企业合同管理的概念、主要内容与主要方法

一、企业合同管理的概念

本书所称企业合同管理包含合同审查与合同管理两部分,合同审查是企业合同管理的前端环节。

(一)合同审查与合同管理的定义

合同审查是指企业在合同的不同阶段,对合同条款及相关内容进行详细检查和评估,涵盖合同签署前、履行过程中以及履行后的各个阶段。合同审查的核心在于确保合同的合法性与有效性,保护企业的合法权益。企业在合同审查中,需要全面审阅合同内容,评估法律风险,并对合同条款提出优化建议,以确保合同对企业的最大保障。

---

① 参见崔建远:《合同法学》,法律出版社 2015 年版,第 169 页。

合同管理是指企业在合同的整个生命周期内,从合同的订立、履行、变更到终止的过程中,对合同进行系统化的规划、组织、实施和控制的活动,包括合同执行的监督、合同履行情况的跟踪、合同变更的处理以及争议的解决等环节。合同管理的目标,是确保合同能够按照预期推进,及时解决合同执行中的问题,保障合同的全面履行。

(二)合同审查与合同管理的关系

合同审查和合同管理虽然侧重点不同,但它们密切相关,互为补充。合同审查通常发生在合同签署前,重点在于确保合同条款的合法性和合理性,为合同的有效性奠定基础。而合同管理则贯穿于合同的整个生命周期,专注于合同的履行、变更和终止阶段,确保合同的顺利执行。有效的合同审查为合同管理提供了坚实的基础,通过审查减少潜在的风险;合同管理则通过持续的监控和管理,保障合同能够顺利履行,及时解决可能出现的问题。综合来看,合同审查和合同管理共同作用于合同的生命全周期,为企业提供全面的合同风险防控和效益保障。

(三)合同审查与合同管理的重要性

企业合同管理在现代商业运营中具有举足轻重的作用,尤其在数字改革的大背景之下,合同审查与企业管理不仅确保了合同的合法性与有效性,还对企业的健康经营和长远发展起到至关重要的支持作用。

1.确保合同的合法性和有效性

合同审查是确保合同在法律框架内合法有效的关键步骤。在合同签署前,通过详细审查合同条款,可以发现并修正潜在的法律问题或不合规条款,有助于确认合同条款是否符合国家法律法规,是否准确无误地规定了各方的权利和义务。合同管理则在合同履行过程中持续发挥作用,确保合同条款得到遵守并保持合同的有效性。如果合同条款在执行过程中出现问题,通过合同管理能够及时发现并处理,防止法律纠纷的发生。

2.保护企业的合法权益

合同审查与合同管理对保护企业的合法权益至关重要。合同审查能够提前识别潜在的法律风险,避免因合同条款不明确或不公正而导致的权益损害。例如,在审查过程中可以发现并纠正不公平的违约条款或不合理的付款条件,从而保护企业免受潜在的财务损失。合同管理则通过监督合同的履行情况,确保合同条款得以全面执行,及时解决履行过程中出现的问题,有效维护企业的商业利益。

3.规范商业行为

合同审查与合同管理有助于规范企业间的商业行为,维护市场秩序。通过明确合同条款和约定,企业可以建立清晰的交易和合作规则,减少由于合同不明确或不公正造成的争议。规范化的合同管理不仅有助于确保商业交易的公平性,提高交易的透明度,建立稳定的商业关系,而且还能提升企业的商业声誉,促进健康的市场环境。

4.控制风险

合同审查与合同管理是企业风险控制的重要手段。合同审查可以帮助企业识别潜在的法律与财务风险,通过优化合同条款降低风险发生的可能性。合同管理则通过持续监控合同履行过程,及时应对履行中的问题,防止因合同履行不当而导致的财务风险。例如,通过设定合理的付款条件、担保条款和违约责任,企业可以有效防范因合同履行问题引发的财务损失。

5.提升运营效率

从法律角度分析,市场经济的本质是合同经济,几乎所有社会主体的经济行为多是通过合同或合同性文件来表现与完成。有效的合同审查与合同管理可以显著提升企业的运营效率。通过系统化的合同审查和合同管理,企业能够减少合同履行中的争议和纠纷,提高合同执行的效率。这不仅有助于实现合同预期的目标,还能够提高企业的市场竞争力和整体运营效益。合同审查和合同管理的优化可以帮助企业更好地应对商业环境的变化,保持灵活性和适应性。

二、企业合同管理的主要内容

合同审查与合同管理涵盖了合同的整个生命周期,从合同的起草到签署、履行,再到争议解决和档案管理,涉及多个关键环节。每个环节的有效审查与管理对于保障合同的合法性、保护企业权益以及提高合同执行效率都至关重要。

(一)合同起草与编制

"合同的撰写是确保交易双方权益得到明确和保护的重要手段。一份精心撰写的合同可以预防和减少争议,明确双方的权利和义务,确保交易的顺利进行。"[①]合同的起草与编制是合同管理的起点,关键在于确保合同条

---

① 参见王利明:《合同法研究》(第二卷),中国人民大学出版社 2003 年版,第 23 页。

款的准确性和全面性。在起草合同时,首先需要明确合同的目的和目标,确保合同内容与业务需求相符。合同条款应详细规定各方的权利和义务,包括交付标准、付款条件、违约责任等。同时,起草阶段还须进行法律合规性检查,确保所有条款符合相关法律法规,以避免因条款不合法导致的合同无效或不具约束力。

(二)合同审查

合同审查是确保合同合法、有效及合理的关键环节。在审查过程中,需要对合同的法律合规性进行检查,确保合同符合国家法律法规和行业标准。此外,审查还包括评估合同条款的合理性,避免出现偏袒某一方的不公平条款。识别和控制潜在的风险是合同审查的重点,例如,通过优化违约条款和付款条件来降低风险。

(三)合同签署与履行

合同签署和履行是合同管理的核心阶段。首先需要确保合同由合法的代表人或授权代理人签署,并且合同内容在签署前已达成一致。签署后的合同须进行履行监督,跟踪合同标的的交付情况和付款进度,确保各方按照约定履行义务。在履行过程中,如有必要,合同内容可以进行变更或调整,须遵循合同中约定的变更程序,并做好记录和确认。

(四)合同争议解决

合同争议解决是合同管理中的重要环节。为预防未来可能的争议,合同中应设置明确的争议解决条款,如仲裁或诉讼条款。当争议发生时,须按照合同中约定的争议处理流程进行,包括协商、调解、仲裁或诉讼等步骤。同时,要收集和保存合同履行过程中的相关证据,以备争议解决时使用。

(五)合同档案管理

合同档案管理是保障合同信息安全和追溯性的关键措施。合同签署后,需要对合同文件进行妥善存档,确保合同文件的完整性和可追溯性。存档时应注意文件的分类和保管,以便于查阅。此外,还须采取适当的安全措施,防止合同档案的丢失或泄露,如电子档案加密、纸质档案的保密存储等。

(六)合同履行评估

合同履行评估是对合同实施效果的检查和总结。通过评估合同的履行情况,检查合同目标是否达成、履行过程中是否出现问题等,可以总结经验和教训,为未来合同的起草和管理提供改进意见。这样的评估不仅可以提高合同管理的效率,还能提升企业的整体运营效果。

三、企业合同管理的主要方法

按照合同流程划分,企业合同管理包括合同起草、审查、履行、监控、变更、争议解决和档案管理等方面的方法。

(一)合同起草方法

合同起草是合同管理的起点,涉及几个关键方法。首先是需求分析,要求在起草合同之前对合同的目的和需求进行全面分析,包括了解合同各方的实际需求、业务流程和预期目标,以确保合同内容符合实际的业务情况。其次是条款设计,即合同条款必须明确且详细地规定各方的权利和义务,涵盖合同标的、付款条件、履行方式以及违约责任等方面。条款设计不仅要全面,还须具备可操作性,以确保合同能够有效地规制合同关系。在起草过程中,法律合规性审查不可或缺,即所有条款必须符合法律法规的要求,包括参照相关法律法规和行业标准,确保合同内容的合法有效性。

(二)合同审查方法

合同审查包括以下几个关键方法。首先是条款逐项审查,对合同条款进行逐一检查,确保条款内容明确、合理,并符合合同各方的实际需求,要特别关注条款的合法性、公平性以及是否存在潜在的法律风险。其次是风险评估,识别合同条款中的潜在风险,如违约风险、财务风险和法律风险,提出相应的风险控制措施,并且要评估合同条款的执行难度和潜在影响,确保合同的可操作性。

(三)合同签署与履行方法

合同签署与履行的方法包括签署流程管理,确保合同由合法的代表人或授权代理人签署,并经过必要的审批流程。在签署前,必须确认合同条款已达成一致且无误。合同履行阶段需要进行履行监督,实时监控合同各方是否按照约定履行义务,跟踪合同标的的交付情况、付款进度和服务质量等,并及时解决履行过程中出现的问题。此外,注重履行记录,记录合同履行过程中的所有重要事项,如交付情况、付款记录和变更情况,以便日后查阅和审计。

(四)合同变更与调整方法

合同变更与调整涉及几个重要方法。首先是变更程序,根据合同中约定的变更程序进行合同变更,确保变更过程合法合规,并得到各方的书面确认。其次是变更记录,详细记录合同变更的内容、原因和协议,以便追溯与管理,确保所有变更均经过必要的审批和签署程序。最后是变更影响评估,评估合同变更对合同履行、权利义务关系及财务状况的影响,确保变更不会引发新的风险或问题。

(五)合同争议解决方法

合同争议解决通常包括协商、调解、仲裁和诉讼等方式。其中,协商解决争议被视为最便捷、成本最低的方式,双方应通过友好沟通,寻求互利共赢的解决方案。[①] 但是在订立合同时,双方就应当先考虑在协商解决不能的情况下合同争议解决的方法。合同争议解决的方法包括争议预防,在合同中设置明确的争议解决条款,如仲裁或诉讼条款,以预防未来可能的争议。遇到争议时,须按照合同中约定的争议处理流程进行处理,包括协商、调解、仲裁或诉讼等步骤。同时,证据收集也是争议解决的重要环节,收集和保存合同履行过程中的相关证据,如通信记录和履行证明,以备争议解决时使用。

(六)合同档案管理方法

合同档案管理的方法包括文件存档,对合同签署后的文件进行妥善存档,确保合同文件的完整性和可追溯性。合同档案应按类别进行分类管理,以方便查阅和检索。档案安全也是重要环节,应采取适当的安全措施,如电子档案加密、纸质档案的保密存储等,防止合同档案的丢失或泄露。此外,档案更新与维护也是必要的,定期更新和维护合同档案,确保档案信息的准确性和完整性,并及时记录合同变更、履行情况和争议处理等信息。

(七)合同履行评估方法

合同履行评估的方法包括履行效果评估,评估合同的履行情况,检查合同目标是否达成、履行过程中是否出现问题等。通过评估合同履行的效果,可以识别问题和不足之处。总结与改进也是评估的重要部分,总结合同履行过程中的经验和教训,为未来合同的起草和管理提供改进建议。这有助于提高合同管理的效率,优化合同管理的效果。

---

① 参见王利明:《合同法研究》,法律出版社 2011 年版,第 345 页。

典型案例分析

基本案情：

2019年初，某村村委会、村股份经济合作社（甲方）与某旅游管理有限公司（乙方）就某村村域范围内旅游资源开发建设签订经营协议，约定经营期限50年。2019年底，某村所在市辖区水务局将经营范围内河沟两侧划定为城市蓝线，对蓝线范围内的建设活动进行管理。2019年11月，某旅游管理有限公司得知河沟两侧被划定为城市蓝线。2020年5月11日，某旅游管理有限公司书面通知要求解除相关协议。经调查，经营协议确定的范围绝大部分不在蓝线范围内，且对河道治理验收合格就能对在蓝线范围内的部分地域进行开发建设。

案例评析：

当事人签订具有合作性质的长期性合同，因政策变化对当事人履行合同产生影响，但该变化不属于订立合同时无法预见的重大变化，按照变化后的政策要求予以调整亦不影响合同继续履行，且继续履行不会对当事人一方明显不公平，该当事人不能依据《民法典》第533条请求变更或者解除合同。该当事人请求终止合同权利义务关系，守约方不同意终止合同，但双方当事人丧失合作可能性导致合同目的不能实现的，属于《民法典》第580条第1款第2项规定的"债务的标的不适于强制履行"，应根据违约方的请求判令终止合同权利义务关系并判决违约方承担相应的违约责任。

生效判决认为，双方约定就经营区域进行民宿与旅游开发建设，因流经某村村域的河道属于签订经营协议时既有的山区河道，不属于无法预见的重大变化，城市蓝线主要是根据江、河、湖、库、渠和湿地等城市地标水体来进行地域界限划定，主要是为了水体保护和控制，某旅游管理有限公司可在履行相应行政手续审批或符合政策文件的具体要求时继续进行开发活动，故城市蓝线划定不构成情势变更。某村村委会、村股份经济合作社并不存在违约行为，某旅游管理有限公司明确表示不再对经营范围进行民宿及旅游资源开发，属于违约一方。某旅游管理有限公司以某村村委会及村股份经济合作社违约为由要求解除合同，明确表示不再对经营范围进行民宿及旅游资源开发，某村村委会及村股份经济合作社不同意解除合同或终止合同权利义务,双方已构成合同僵局。考虑到双方合同持续履行长达 50 年,须以双方自愿且相互信赖为前提,如不允许双方权利义务终止,既不利于充分发挥土地等资源的价值利用,又不利于双方利益的平衡保护,案涉经营协议已丧失继续履行的现实可行性,合同权利义务关系应当终止。

相关法律规则

最高人民法院关于适用《中华人民共和国民法典》合同编通则若干问题的解释

第三十二条 合同成立后,因政策调整或者市场供求关系异常变动等原因导致价格发生当事人在订立合同时无法预见的、不属于商业风险的涨跌,继续履行合同对于当事人一方明显不公平的,人民法院应当认定合同的基础条件发生了《民法典》第五百三十三条第一款规定的"重大变化"。但是,合同涉及市场属性活跃、长期以来价格波动较大的大宗商品以及股票、期货等风险投资型金融产品的除外。

合同的基础条件发生了《民法典》第五百三十三条第一款规定的重大变化,当事人请求变更合同的,人民法院不得解除合同;当事人一方请求变更合同,对方请求解除合同的,或者当事人一方请求解除合同,对方请求变更合同的,人民法院应当结合案件的实际情况,根据公平原则判决变更或者解除合同。

人民法院依据《民法典》第五百三十三条的规定判决变更或者解除合同的,应当综合考虑合同基础条件发生重大变化的时间、当事人重新协商的情况以及因合同变更或者解除给当事人造成的损失等因素,在判项中明确合同变更或者解除的时间。

当事人事先约定排除《民法典》第五百三十三条适用的,人民法院应当认定该约定无效。

思考题

1.结合本章内容,论述企业在合同审查与管理过程中应如何综合运用多种方法有效识别和控制合同风险,并举例说明至少两种具体的风险管理策略及其在实际操作中的应用。

2.在企业合同履行过程中,合同变更是一种常见现象。请分析合同变更可能对合同履行产生的影响,并提出相应的应对措施,以确保合同变更后能够顺利履行,维护企业的合法权益。

3.根据本章案例分析及相关法律规则,探讨情势变更原则在企业合同履行中的适用条件和限制因素,并结合实际案例阐述如何正确运用情势变更原则处理合同纠纷,以平衡合同双方的利益。

客观题扫码自测

第二章　企业合同主体审查

....

　　企业合同审查主要是为了达到两种效果,一种是为了实现合同的目的防范不利风险,另外一种是达到其商业价值以促成交易。[1] 实践中应当形成一套完整的制度、流程、理念原则和方法,才能够在审查相关的企业合同时快速高效地通过补增、删改、建议和提示等方式[2]来有效地防范合同法律风险。合同在企业经营管理和相关业务活动中表现得固定化、书面化,究其本质是商业逻辑和业务本质。这一切以签订合同为目的,合同审查是合同正式签订前的必要程序,通过对企业合同的主体审查和内容审查来确定合同是否成立、生效,或者存在无效、可撤销、效力待定等情形。并且双方的权利义务、特殊合同约定、相关的法律后果、产生的法律关系甚至产生纠纷的解决方式,都需要经过合同审查来发现可能存在的法律风险,最终实现维护企业利益的目的。

　　在企业合同审查时,需要明晰应当具有的步骤和体系,而不是直接对照企业合同条款进行审查,不然容易局限于该合同思维之中,只能进行简单的文字纠错和校对。本书将企业合同内容审查分为两部分,分别是企业合同主体审查和企业合同内容审查。其中企业合同主体审查主要包括主体名称和基本信息,主体资质信息和主体履约能力,企业合同内容审查包括合同标的、质量条款、权利义务、违约条款、其他程序条款。

---

[1]　张海燕:《合同审查思维体系与实务技能》,中国法制出版社 2020 年第 2 版,第 2 页。

[2]　张海燕:《合同审查思维体系与实务技能》,中国法制出版社 2020 年第 2 版,第 54～77 页。

合同主体,也就是合同当事人,是合同有效要件中绝对必要的一项。可以说所有的合同都必须有明确的当事人,否则合同就是无效的。能够成为企业合同的主体包括自然人、法人和其他组织,在审查企业合同主体时,站在企业角度,要审查合同主体的名称和基本信息、主体资质信息和主体履约能力。

第一节　企业合同主体名称及基本信息

一、企业合同主体名称

在审查合同主体时,名称必须准确无误,不管是在草拟合同、签订合同还是后续因为违约等问题向法院提起诉讼或者仲裁,具有明确的当事人名称才能够了解基本信息以便后续工作的开展。

在与自然人签订合同时,首先需要审查合同所涉及的主体名称与当事人提供的身份证上的名字是否一致,也可以通过公民信息管理系统进行查询,不能用小名、笔名和曾用名进行代替。

对于法人或者其他组织,应当审查合同中法人的名称与其营业执照和相关的官方证书上的名称是否统一,严格审查签订的合同主体是否是企业的分支机构和内部机构的名称,例如不能用管理部、销售部或者项目部作为合同的主体。同自然人相似,各种企业和公司在实践中也会有用简称的习惯,因此在审查中需要注意纠正简称的使用,在起草时就说明全称以及对应的简称才不至于在实际履行中张冠李戴,例如"温州生态园旅游发展有限公司"不能直接简称"生态园",并且前面的地区也不能省略,不然在各地都有分公司的企业会混淆。因此在合同中应尽量使用全称。

另外,还需要注意以第三人名义签署的合同的两种情况。一种是作为第三方的代理人签署的合同,这种情况下应当通过查看当事人的委托书或者其他证明文件来确认当事人的身份或者代理权限,防止出现无权代理或者越权代理的问题。另一种是以第三方的名义进行合同的签署,但是在签订过程中并没有透露第三方的信息,以这种隐名的方式私刻第三方的印章或者持有空白的授权文件等情况比比皆是。这种冒用他人姓名的方式除了会让合同的效力处于待定状态,并不一定会对第三方产生法律效力,因此为了节约成本和挽回经济损失,律师在审查合同时提示委托人尽到合理的审查和注意义务,并且注意对方的授权状态从而避免合同主体问题影响合同的效力。

同时在一份完整的合同中,当事人的名称在合同首尾部、中间内容以及后续的补充协议中都会反复出现,涉及重要条款和基本权利义务时应当审慎核实前后名字或名称是否一致,防止因为这些问题增加后续可能的诉讼和举证难度。

对于自然人的基本信息,须通过各种基本信息的拼凑基本确认唯一当事人,例如人民法院的判决裁定书中原告的基本信息所涉及的内容可以用来提供参考。自然人的基本信息包括姓名、性别、出生年月日、民族、家庭住址和身份号码。这些作为公民的基本必备信息有助于在相关的信息查找系统中准确定位当事人。

对法人的主体基本信息,《民法典》第58条规定,法人应当依法成立。法人应当有自己的名称、组织机构、住所、财产或者经费。法人成立的具体条件和程序,依照法律、行政法规的规定。设立法人,法律、行政法规规定须经有关机关批准的,依照其规定。结合法人为原被告的判决书所列明的信息能够得出法人的基本信息包括单位名称、住所地、法定代表人、统一社会信用代码,并且涉及须经有关机关批准的所需要具备的证书信息,同时可以查看法定代表人证明书和国家企业信用信息公示报告等确定法人的基本信息。

二、企业合同主体基本信息

至于其他的非法人组织的基本信息审查,《民法典》第102条规定,非法人组织是不具有法人资格,但是能够依法以自己的名义从事民事活动的组织。非法人组织包括个人独资企业、合伙企业、不具有法人资格的专业服务机构等。第103条规定,非法人组织应当依照法律的规定登记。设立非法人组织,法律、行政法规规定须经有关机关批准的,依照其规定。由于非法人组织的特殊性,除了审查上述包括单位名称、住所地、法定代表人、统一社会信用代码等基本信息外,还有必要审查独资企业、合伙企业和不具有法人资格的专业服务机构(例如律师事务所、会计师事务所等)的营业执照信息、对外开展业务资格等授权信息。需要注意的是,在实务中,法人的实际营业地和注册登记地往往是不一致的,为了避免后续的履行地点问题和产生纠纷时候的管辖问题,有必要核实并以实际经营地为住所地。并且由于各种企业和公司因业务的需要和发展人员的变动和更改需要及时确认核实,应当提醒当事人注意,防止表见代理和越权代理产生后续纠纷。

第二节　企业合同主体资格审查

一、自然人的主体资格审查

《民法典》第 143 条规定的合同有效要件包含了行为人具有相应的民事行为能力,其目的是要求当事人具备能够了解合同的状况和法律效果以保护其合法权益并减少纠纷。因此自然人签订合同时,原则上应当为完全民事行为能力人,可以以其单独的意思表示单独地承担其带来的法律后果。限制民事行为能力人和无民事行为能力人不能够单独地签订合同,后续需要法律上予以补正即法定代理人代为签订。但是涉及企业合同方面,还具有例外的情形,包括限制民事行为能力人能够签订与之年龄、智力和精神状况相适应的合同,以及征得法定代理人同意的合同。《民法典》第 18 条规定,成年人为完全民事行为能力人,可以独立实施民事法律行为,16 周岁以上的未成年人,以自己的劳动收入为主要生活来源的,视为完全民事行为能力人。《民法典》第 19 条规定,8 周岁以上的未成年人为限制民事行为能力人,实施民事法律行为由其法定代理人代理或者经其法定代理人同意、追认;但是,可以独立实施纯获利益的民事法律行为或者与其年龄、智力相适应的民事法律行为。《民法典》第 21 条规定,不能辨认自己行为的成年人为无民事行为能力人,由其法定代理人代理实施民事法律行为,8 周岁以上的未成年人不能辨认自己行为的,适用前款规定。《民法典》第 22 条规定,不能完全辨认自己行为的成年人为限制民事行为能力人,实施民事法律行为由其法定代理人代理或者经其法定代理人同意、追认;但是,可以独立实施纯获利益的民事法律行为或者与其智力、精神健康状况相适应的民事法律行为。因此在审查主体是否具备签署合同的一般行为能力时,应当确认其是否具有完全民事行为能力,否则在与之签订合同后将会面临效力待定或者无效的风险。

二、法人的主体资格审查

《民法典》规定法人包括营利法人、非营利法人和特别法人,下面将具体介绍这三个主体的资格审查实务操作,然后介绍非法人组织的主体资格审查。

在进一步介绍之前,对于不管是法人还是非法人组织都需要首先审查其是否已经依法成立并有效存续,如果该法人已经被吊销营业执照或者正处于破产清算状态,则不能够再签署经营性合同,只能进行破产程序方面的行为。《民法典》第 72 条规定,清算期间法人存续,但是不得从事与清算无关的活动。清算结束并完成法人注销登记时,法人终止;依法不需要办理法人登记的,清算结束时,法人终止。因此,审查法人或非法人组织的存续状态尤为重要。

关于营利法人的主体资格审查,首先《民法典》第 76 条规定,以取得利润并分配给股东等出资人为目的成立的法人,为营利法人。营利法人包括有限责任公司、股份有限公司和其他企业法人等,并且需要依法登记成立,具有登记机关颁发的营利法人营业执照,总的来说包括以下材料和证明:(1)具有"企业法人营业执照""税务登记证""组织机构代码证",并且"企业法人营业执照"的合法真实与否可以通过登录"国家企业信用信息公示系统"来获取企业信用信息公示报告,从而获取其基本信息,股东及出资信息、分支机构信息、变更信息、清算信息等重要且有助于资质认定的内容。(2)具有相应的资质证书。资质证书是国家授权企业从事某种生产经营活动的资格证书。有些活动要求相关单位具有相应的资质证书才能够进行一定的业务活动。反映在企业合同审查上,律师需要审查相关企业具有特殊的缔约。例如,建设工程合同中承包人得具有建筑施工企业特定资质,根据《最高人民法院关于审理建设工程施工合同纠纷案件适用法律问题的解释(一)》(以下简称《建设工程施工合同解释(一)》)的规定,承包人未取得建筑施工企业资质或者超越资质等级的,或者没有资质的实际施工人借用有资质的建筑施工企业的名义的,建筑施工合同无效(第 1 条第 1 款第 1 项、第 2项)。还有例如房地产开发项目必须具有房地产开发资格、经营医药的必须具有相应的国家药品生产或者营业许可证。关于非营利法人的主体资格审查,《民法典》第 87 条规定为公益目的或者其他非营利目的成立,不向出资人、设立人或者会员分配所取得利润的法人,为非营利法人。非营利法人包括事业单位、社会团体、基金会、社会服务机构等。其审查的内容也需要包括是否依法进行了登记并取得了登记证书,不同于法人的查询途径,对于非营利法人可以通过"中国社会组织网"或者"事业单位在线"进行查询。[1] 其他的审查要点可以参考营利法人的相关要点进行审查核实。

关于特别法人的主体资质审查,《民法典》第 96 条规定,机关法人、农村集体经济组织法人、城镇农村的合作经济组织法人、基层群众性自治组织法人为特别法人。由于特别法人的特殊属性,有独立经费的机关和承担行政职能的法定机构从成立之日起,具有机关法人资格。农村集体经济组织、城镇农村的合作经济组织和居民委员会、村民委员会都是依法取得法人资格并不需要经过登记的机关,需要在审查时注意这一点。在签约主体是特别法人的时候,注意如下:(1)审查机关法人的,可以通过"中央机构编制网"查询相关信息,实践中注意机关法人是否具有授权书以及盖有该单位的印章等等。(2)审查农村集体经济组织、城镇农村的合作经济组织或者基层群众性自治组织应当优先查明是否已经依法成立,并且确认相关代表是否具有合法授权。其中需要注意未设立村集体经济组织的,村民委员会可以依法代行村集体经济组织的职能,而不能盲目认定为没有主体资格。其他的审查要点可以参考营利性法人的要点执行。

关于非法人组织的主体资质审查,《民法典》第 102 条规定,非法人组织是不具有法人资格,但是能够依法以自己的名义从事民事活动的组织。非法人组织包括个人独资企业、合伙企业、不具有法人资格的专业服务机构等。对其审查要点包括如下:(1)审查独资企业、合伙企业和不具有法人资格的专业服务机构的营业执照;(2)分清企业的分支机构、分公司等是否具有对外开展业务的资格。

分析完法人和非法人组织的主体资质审查实务中需要的注意事项,还需要了解其中存在的争议和疑难问题。

关于特殊资质限制。出于对国家特殊资源管理和政府合理管控的需要,某些合同的签订需要当事人具备一定的条件和资质,为了防止影响合同的效力和履行问题,律师在审查合同时需要对相关的资质进行审查。除了上文提到的建筑行业承包人需要具有的资质外,对于保证人方面,还有禁止条款进行限制。《民法典》第 683 条规定,机关法人不得为保证人,但是经国务院批准为使用外国政府或者国际经济组织贷款进行转贷的除外。以公益为目的的非营利法人、非法人组织不得为保证人。需要注意以下几种特殊

---

[1]　雷霆:《合同审查精要与实务指南》,法律出版社 2018 年版,第 27 页。

例外:(1)经国务院批准为使用外国政府或者国际经济组织贷款进行转贷的机关法人除外;(2)居民委员会、村民委员会提供的担保无效,但是依法代行村集体经济组织职能的村民委员会,依照《村民委员会组织法》的规定讨论决定程序对外提供担保的除外;(3)以公益为目的的非营利性学校、幼儿园、医疗机构、养老机构等提供的担保有效的两种例外情形,《担保制度解释》规定在购入或者以融资租赁方式承租教育设施、医疗卫生设施、养老服务设施或者其他公益设施时,出卖人、出租人为担保价款或租金实现而在该公益设施上保留的所有权,此其一。以教育设施、医疗卫生设施、养老服务设施和其他公益设施以外的不动产、动产或者财产权利设立担保物权,此其二。

三、分支机构和内部机构主体资格问题

关于法人的分支机构和内部机构是否能够作为合同主体签订有效的合同问题,首先站在企业的角度来说,"分支机构"是指由企业为实现其职能在总部之外设立的,能够以自己的名义进行民事活动,但是不能单独承担民事责任的非法人组织,主要包括分公司、分行、营业部、办事处等。

《民法典》第74条规定,法人可以依法设立分支机构。法律、行政法规规定分支机构应当登记的,依照其规定。分支机构以自己的名义从事民事活动,产生的民事责任由法人承担;也可以先以该分支机构管理的财产承担,不足以承担的,由法人承担。

可见法人的分支机构能够在得到法人的书面授权后,以自己的名义签订合同,且在实务中存在由公司的部门签订合同的情况。关于合同效力的问题,有学者认为此类合同应当以是否加盖法人的公章或者合同专用章为是否生效的依据。[①] 同时参考《民法典》有关代理制度的规定,分公司在没有总公司的授权或者超出总公司的授权的情况下,对外签订的合同是效力待定的合同而不是无效的合同。

一般来说,企业在经营过程中会出现异常状况,通过上述的"企业信用信息公示报告"中反映的相关信息能够查询到缔约的企业或公司被列为"经营异常名录""严重违法企业名单""失信被执行人名单"的企业本身并不丧失缔约合同的主体资格,但是涉及下一部分介绍的主体履约能力,在未来的合同履行方面可能存在一定的风险,因此律师在审查时应当注意提醒是否

---

① 雷霆:《合同审查精要与实务指南》,法律出版社2018年版,第31页。

要与其签订合同,并且"黑名单"企业在从事一定关联的活动时会被政府限制或采取禁入措施。

被吊销的企业签订的合同存在争议,有的案例认为有效,有的认为无效,但同样需要考虑被吊销公司的履约能力,注销后的企业主体资格消失,不能够再从事法律行为。

四、主体履约能力审查

实现合同的目的重要的环节就是合同的履行,缔约人的履约能力在合同签订时就是一项重要的考量因素。对于双方能够形成长期、稳定的合作关系的前提就是具有一定的履约能力,合同的履行需要债务人全面地、适当地完成合同义务,债权人的合同债权得到完全实现。当事人具有履约能力是审查合同主体的重要一环,履约能力审查可以分为法律上的审查和事实上的审查,法律上的审查可以通过公开的网络信息平台进行审查。通过对自然人、法人或者其他非法人组织的涉诉情况的核实,能够查明其实际拥有的资产、背负的债务以及履约能力。具体可以通过"中国裁判文书网""中国法院网""中国执行公开网"进行核查。对于企业的履约能力,可以通过手机APP"启信宝"查询企业的基本信息或者涉诉情况,也可以通过上述的"国家企业信用信息公示系统"查询股东及出资信息、行政许可信息、行政处罚信息、经营异常信息、严重违法信息、动产抵押登记信息和股权出质登记信息、企业资产状况信息等内容帮助了解其履约能力。

五、实务操作中的风险防范

企业在与自然人和法人或非法人组织签订合同时,应当重视合同主体是否具备签约资格,并警惕合同相关主体的存在是否会影响合同生效,主要包括以下几个方面。

(一)区分限制民事行为能力人与无民事行为能力人缔约

限制民事行为能力人可以成为合同的主体一般需要法定代理人代理实施或经过同意、追认,事务中一般只有特别小额的合同才能够由其独立完成,但是企业合同的签订应当予以审查。无民事行为能力人也可以成为合同主体,但是需要法定代理人代理实施,根据《民法典》第 19 条、第 20 条可知,就算是无民事行为能力人实施的纯获利益的行为也需要经过其法定代理人代理实施。企业在其签订合同时务必与其法定代理人沟通。

(二)法人机构作为合同主体需要注意存续状态

对于经营异常或者被纳入"失信被执行人名单"、吊销和注销的法人机构能否成为合同主体的认识存在差异,具体参考上文,这里就不再赘述。

(三)个体工商户区分实际经营人和登记的经营人

按照合同的相对性原理,在与个体工商户签订合同时应当以实际经营负责人作为合同主体列明,方便后续让实际经营负责人承担相应的责任。

(四)注意合同相关主体问题

涉及合同相关主体的问题,指的是与合同签订和履行相关的主体,在企业合同签订时需要考虑是否会产生影响。例如共有人、标的物的用益物权人和担保物权人可能直接影响合同的效力和履行进而影响交易,需要提前确认所签订的合同是否存在瑕疵。

典型案例分析

基本案情

2018年1月30日,某旅游公司和俄罗斯某公司签订《国际足联2018年世界杯足球赛门票销售合同》,合同载明:某旅游公司(甲方)、俄罗斯某公司(乙方)和某文化公司(丙方)约定乙方向甲方销售国际足联2018年世界杯足球赛门票2400张,合同签署后两个工作日内,甲方向乙方支付558000美元,合同签署后两个工作日内,甲方向丙方支付74400美元,甲方于2018年2月25日前支付尾款558000美元。丙方作为乙方在中国的授权代理公司,负责为乙方进行售票、组织三方合同签署、组织甲方赴莫斯科验证球票等辅助工作。2018年2月2日,甲方向乙方转账支付558000美元;2018年2月2日,甲方向丙方转账支付人民币469449.12元;2018年2月27日,甲方向乙方转账支付558000美元。

2018年6月21日,中国驻俄使馆领事部参赞兼总领事蒋薇证实,莫斯科市内务总局调查局已经就俄罗斯某公司向中国球迷出售世界杯假球票事件立案,并拘留事件相关嫌疑人。俄罗斯国家法人统一登记簿摘录载明,2019年12月19日,俄罗斯某公司被终止法人业务活动。法院依法委托华东政法大学外国法查明中心就本案所涉据以判断俄罗斯某公司主体资格及相关权利义务的俄罗斯联邦法律进行查明。

重庆自由贸易试验区人民法院于2023年1月18日作出(2021)渝0192

民初 1634 号民事判决：一、被告某文化公司于本判决生效之日起十日内向原告某旅游公司返还球票款人民币 469449.12 元；二、驳回原告某旅游公司的其他诉讼请求。判决作出后，各方当事人均未提出上诉，判决已生效。

案例评析

本案中涉及公司之间签订买卖合同，涉及三方主体的同时还有代理关系，属于典型的合同类型。因此在本案的合同审查中需要注意以下几点：

1.作为第三方的代理人签署合同，除了核实该代理人是否具有第三方的合法有效授权还需要注意委托人是否具有主体资格。一般在实务中，多数情况是代理人没有获得合法有效的授权构成无权代理或者越权代理，但是对于委托人主体资格的审查也不能忽略。本案中虽然某文化公司具有合法授权但是俄罗斯某公司已经被终止法人业务，由此签订的合同会产生合同纠纷。

2.注意公司终止后，签订合同属于无效法律行为，应当注意法人是否处于存续状态并审慎核查缔约方的履约能力。在本案中，根据《俄罗斯联邦民法典》第 49 条、第 57 条规定，俄罗斯某公司终止后不具有法人资格，不再具有民事权利能力和民事行为能力，因此不是诉讼中的适格主体，其股东也不需要对公司债务承担责任，某旅游公司和俄罗斯某公司签订《国际足联2018 年世界杯足球赛门票销售合同》没有权利义务继受者。

相关法律规则

中华人民共和国民事诉讼法

第三条　人民法院受理公民之间、法人之间、其他组织之间以及他们相互之间因财产关系和人身关系提起的民事诉讼，适用本法的规定。

第五十一条　公民、法人和其他组织可以作为民事诉讼的当事人。法人由其法定代表人进行诉讼。其他组织由其主要负责人进行诉讼。

中华人民共和国民法典

第七条　民事主体从事民事活动，应当遵循诚信原则，秉持诚实，恪守承诺。

第十三条　自然人从出生时起到死亡时止，具有民事权利能力，依法享有民事权利,承担民事义务。

第十八条 成年人为完全民事行为能力人,可以独立实施民事法律行为。

十六周岁以上的未成年人,以自己的劳动收入为主要生活来源的,视为完全民事行为能力人。

第十九条 八周岁以上的未成年人为限制民事行为能力人,实施民事法律行为由其法定代理人代理或者经其法定代理人同意、追认;但是,可以独立实施纯获利益的民事法律行为或者与其年龄、智力相适应的民事法律行为。

第二十条 不满八周岁的未成年人为无民事行为能力人,由其法定代理人代理实施民事法律行为。

第五十七条 法人是具有民事权利能力和民事行为能力,依法独立享有民事权利和承担民事义务的组织。

第五十八条 法人应当依法成立。

法人应当有自己的名称、组织机构、住所、财产或者经费。法人成立的具体条件和程序,依照法律、行政法规的规定。

设立法人,法律、行政法规规定须经有关机关批准的,依照其规定。

第七十七条 营利法人经依法登记成立。

第七十八条 依法设立的营利法人,由登记机关发给营利法人营业执照。营业执照签发日期为营利法人的成立日期。

第八十八条 具备法人条件,为适应经济社会发展需要,提供公益服务设立的事业单位,经依法登记成立,取得事业单位法人资格;依法不需要办理法人登记的,从成立之日起,具有事业单位法人资格。

第一百零二条 非法人组织是不具有法人资格,但是能够依法以自己的名义从事民事活动的组织。

非法人组织包括个人独资企业、合伙企业、不具有法人资格的专业服务机构等。

第一百零三条 非法人组织应当依照法律的规定登记。

设立非法人组织,法律、行政法规规定须经有关机关批准的,依照其规定。

第五百零九条 当事人应当按照约定全面履行自己的义务。

当事人应当遵循诚信原则,根据合同的性质、目的和交易习惯履行通知、协助、保密等义务。

当事人在履行合同过程中,应当避免浪费资源、污染环境和破坏生态。

第五百二十七条　应当先履行债务的当事人,有确切证据证明对方有下列情形之一的,可以中止履行:

(一)经营状况严重恶化;

(二)转移财产、抽逃资金,以逃避债务;

(三)丧失商业信誉;

(四)有丧失或者可能丧失履行债务能力的其他情形。

当事人没有确切证据中止履行的,应当承担违约责任。

第五百二十八条　当事人依据前条规定中止履行的,应当及时通知对方。对方提供适当担保的,应当恢复履行。中止履行后,对方在合理期限内未恢复履行能力且未提供适当担保的,视为以自己的行为表明不履行主要债务,中止履行的一方可以解除合同并可以请求对方承担违约责任。

思考题

1.简述在企业合同主体审查中,准确审查合同主体名称的重要性。

2.论述在审查自然人作为企业合同主体时,应重点关注的资格要点,并说明这些要点对合同效力的影响。

3.阐述在企业合同审查中,对合同主体履约能力进行审查的实践意义,并举例说明如何通过审查发现潜在的履约风险。

客观题扫码自测

第三章　企业合同内容审查

- -

当事人通过一致的意思表示,依照法定程序订立合同后,形成合同条款。合同的条款反映当事人之间的权利义务关系,具有法律效力。有学者将合同的内容依据不同的标准进行分类,本书不再赘述,主要讨论提示性条款中的关于当事人名称或者姓名和住所、标的、质量和数量、价款和报酬、履行期限、履行地点和方式、违约责任和解决争议的方法等的合同审查。

第一节　企业合同实体性条款审查

一、当事人的名称、姓名和住所

第二章的企业合同主体审查已经就如何确定主体的唯一性和确定性作出阐释,这里就不再赘述。当事人的名称与姓名涉及谁与谁交易的问题。《民法典》中明确规定了当事人的姓名、名称和住所是必备条款,在其作为合同的内容时,需要注意审查缔约人的姓名、名称和住所与文中出现的内容保持一致,不能有更改或者用简称等。一言以蔽之,合同主体不管是自然人还是法人或者非法人组织都要保持一致性,主体信息准确。

二、标的

合同标的是合同成立的必备要件,通过对其质量和数量的约定使合同具体化、特定化。同时合同标的是合同法律关系的客体,是合同权利义务指向的对象。双方在合同中约定的标的属于绝对必要条款，[①]合同目的的实现与标的密不可分，如果没有约定合同标的，那么签订合同就毫无意义。

《民法典》已经对合同标的的要求作出明确的规定，包括三个方面，分别是合法的标的本身、标的的数量和标的的质量。本书将从这三方面对企业合同审查过程中的标的条款审查进行要点解析。

(一)标的类型

在学界，多数说法认为合同关系的标的为给付行为，而在《民法典》第470条规定的标的通常不是学说上所指的标的而是标的物，因此才会在下文中讨论合同标的的数量和质量等。标的的条款需要清楚地写明标的的名称，这样才能够使标的特定化，才能够明确权利义务的大小和为后续的损失界定提供参考。有学者将合同的标的分为物、行为、权利三大类，[②]本书采用此种分类方法，当然在实务中，当事人根据自身的需要还会规定各种各样的标的，但是参考买卖合同这种典型能够看出标的不外乎以上三种。

关于物，民法上的物，是物权的客体，也是一切财产关系中最基本的要素，贯穿于一切财产关系中。在企业合同中大部分都涉及物的交易，如企业之间的商品买卖合同、租赁合同(尤其融资租赁合同)、运输合同等等。企业与其他当事人之间全程围绕着标的物进行协商签订合同，标的物的转移与交付是实现合同目的的首要条件。因此在审查合同时，要求物满足能够作为民法上的物的基本属性。民法上的物要求具有非人格性、可支配性、排他性、功能性这些特点。

根据不同的标准能够将物划分为不同的类型，包括以下几种：(1)动产和不动产；(2)特定物和不特定物；(3)原物和孳息；(4)流通物、限制流通物和禁止流通物；(5)单一物、结合物和集合物。

关于行为，作为合同标的的行为可以分为积极的作为和消极的不作为两种。关于权利，指合同主体所拥有的财产性权利，例如知识产权、债权和股权等等。需要注意的是人身权利，人身权利又称人身非财产权，是指与人身直接相关而没有经济内容的权益，属公民的基本权利之一。人身权利，公民依法享有的与人身直接相关的权利，公民基本权利的重要部分，包括生命

---

① 崔建远：《合同法》，法律出版社2024年第8版，第51页。
② 张海燕：《合同审查思维体系与实务技能》，中国法制出版社2020年第2版，第98页。

健康不受侵犯,人身自由不受侵犯,人格尊严不受侵犯,住宅不受侵犯,通信自由和通信秘密不受侵犯等。人身权利主要包括人格权和身份权,人身自由权,生命健康权和人格尊严权。其中,人格尊严又包括肖像权、名誉权、荣誉权、姓名权和隐私权等。这些权利本身不具有经济属性,因此不能够作为合同的标的,但如果是具有财产内容的人身属性的载体(例如头发、血液)在不违反法律或不损害公共利益的情况下就能够成为合同的标的。

(二)标的的数量

标的的数量是将合同确定下来,具有特定性的必备指标,单纯地规定标的物的类型不能形成完备的标的条款,买卖合同需要明确买卖的标的物数量、保证合同约定保证的份额、仓储合同约定仓储的容量,这些都确定下来才能够确认保证双方合同的标的数量考量是否能够充分履行合同,实现合同目的。

因此为了统一标准,在约定准确的合同标的数量时需要选择使用双方都能够接受的计量单位、计量方法和计量工具。并且根据实际情况,根据标的物的属性和性质确定能否存在一定的数量或者重量误差,并且就存在的尾差、磅差、超欠幅度、自然损耗率等进行协商确认。

(三)标的的质量

合同的履行是指债务人全面地、适当地完成其合同义务,债权人的合同债权得到完全的实现。合同的履行包括提供约定的服务。标的质量的约定对于后续判定债务人是否提供了约定的服务至关重要。《民法典》第510条和第511条中对于标的质量的确定作出规定:合同生效后,当事人就质量没有约定或者约定不明确的,可以协议补充;不能达成补充协议的,按照合同相关条款或者交易习惯确定。当事人就有关合同内容约定不明确,依据前条规定仍不能确定的,质量要求不明确的,按照强制性国家标准履行;没有强制性国家标准的,按照推荐性国家标准履行;没有推荐性国家标准的,按照行业标准履行;没有国家标准、行业标准的,按照通常标准或者符合合同目的的特定标准履行。在实务中,虽然已经有法律明确规定,但是仍然存在无法就质量达成一致观点的情况,质量条款的重要性不容置疑,众多的合同纠纷都是因为该内容产生。在审查时,国家强制性条款需要严格按照该标准执行,对于其他质量标准应当尽可能约定适用的标准,对于后续解决此类纠纷的建议,可以在缔约时双方约定质量检验的方法、质量责任期限和条件、对质量提出异议的条件和期限等等。

三、价款和报酬

价款和报酬是指当事人就标的物或者劳务收益所应当支付的代价（对价）。在实务中，涉及价款和报酬的企业合同主要集中在买卖合同的货款、租赁合同的租金、运输合同的运输报酬和建设工程合同中承包人的报酬。对于价款和报酬产生的纠纷，《民法典》第 510 条规定：合同生效后，当事人就价款或者报酬没有约定或者约定不明确的，可以协议补充；不能达成补充协议的，按照合同相关条款或者交易习惯确定。《民法典》第 511 条规定：当事人就有关合同内容约定不明确，依据前条规定仍不能确定的，价款或者报酬不明确的，按照订立合同时履行地的市场价格履行；依法应当执行政府定价或者政府指导价的，依照规定履行。但是如果有政府指导定价和政府指导价的，要按照规定执行。价格和报酬在合同中应当规定清楚明确计算的办法。

四、履行的地点、期限、方式、费用

在合同中约定履行地点、期限、方式和费用一方面是为了服务于合同的履行，对其约定明确具体有助于在合同成立生效之后合同当事人能够关注履行合同的状况并确保合同能够全面正确地履行，另一方面能够避免合同的任意履行，让当事人尽早发现对方履行不适合或者履行不能等情况，避免自身陷入不利状态。

1.关于履行地点是指债务人应履行行为的地点。在履行地点的适当履行才能够发生合同消灭的效力，实务中，履行地点的确定应由当事人事先约定，律师在审查时可以在合同订立时就确认或者在成立后提醒当事人在债务履行前以补充协议的方式约定。在无法就合同的履行地达成一致时，除了法律另有特别规定的，应当按照《民法典》第 511 条第 3 项的规定：履行地点不明确，给付货币的，在接受货币一方所在地履行；交付不动产的，在不动产所在地履行；其他标的，在履行义务一方所在地履行。

2.关于履行期限简称履行期，是指债务人依约或者依法必须履行其债务的时间。诺成合同特点为合同成立与合同履行相分离，合同的履行期限通常被设定为合同成立后的某一时效或某段时间。企业合同中规定履行期限对于获取各自的利益呈关联趋势，一般会在合同中明确规定，对于合同履行期限约定不明的，《民法典》第 511 条第 4 项规定：履行期限不明确的，债

务人可以随时履行,债权人也可以随时请求履行,但是应当给对方必要的准备时间。

3.履行方式指的是完成合同义务的方法,例如标的物的交付方式,工作成果的完成方式、运输方式,融资租赁合同租赁物的选取方式。履行方式与合同目的的实现相联系,履行方式的选取不当可能造成标的物毁损、额外租赁场地、履行迟延等问题。合同的履行方式由当事人约定,当事人要求一次性履行的,债务人不得分批次履行;当事人要求分批分期履行的,债务人也不得一次性履行。对于合同没有约定或者约定不明确且无法达成补充协议的,《民法典》第 511 条第 5 项规定:履行方式不明确的,按照有利于实现合同目的的方式履行。

4.履行费用指的是合同履行的费用,即在履行时会产生必要费用,包括物品交付的费用,保管合同仓储合同中运输所产生的费用等。对于履行费用的负担,当事人之间有约定的从约定,没有约定的,依照《民法典》第 510条的规定:合同生效后,当事人就质量、价款或者报酬、履行地点等内容没有约定或者约定不明确的,可以协议补充;不能达成补充协议的,按照合同相关条款或者交易习惯确定。如果仍然不能确定的,按照《民法典》第 511 条第 6 项规定:履行费用的负担不明确的,由履行义务一方负担;因债权人原因增加的履行费用,由债权人负担。

五、违约责任

关于违约责任的概念,学界普遍认为是债务人不履行合同债务的法律后果。[1] 大陆法系将违约责任概括为履行合同债务的一般担保,即违约责任是债务人对其不履行合同债务承担赔偿责任,应以其全部财产为担保,债权人可以请求法院就这些财产强制执行。加上我国合同法上对违约责任采取的是无过错责任原则[2],因此在审查合同违约条款时,应当尽可能考察对方可能存在的违约情况并设立相应的违约处理方式,不存在完完全全覆盖违约事由的合同,但是尽可能约定违约情形、违约责任、违约所可能产生的损失范围和补偿方法,以便能够在后续弥补合同目的的落实。《民法典》第577 条规定:当事人一方不履行合同义务或者履行合同义务不符合约定的,

---

[1]　由中国多数专家和学者的惯常界定。

[2]　崔建远:《合同法》,法律出版社 2024 年第 8 版,第 226 页。

应当承担继续履行、采取补救措施或者赔偿损失等违约责任。因此承担违约责任包括两种情况，即不履行合同和履行合同不符合约定。继续细分下去，不履行合同又包括不能履行和拒绝履行，履行合同不符合约定包括部分履行、迟延履行和不适当履行。

违约责任的承担方式主要包括继续履行、赔偿损失、采取补救措施、违约金责任和定金罚则。以上这些违约责任的承担方式需要针对可能出现的违约情形设置，此其一。针对不同的违约情形设置不同的违约救济措施，此其二。违约责任的设置应当有的放矢，经济价值高的事项约定违约责任，次要的违约责任，不至于影响合同目的的实现可以用一般的违约条款兜底。

违约责任约定要明确，不能出现"按照《合同法》违约责任条款解决责任"等此类含糊不清的表述，另外，违约金数额、数额的计算方式应当明确，如按照合同总金额的一定比例计算违约金，或者按照中国人民银行同期贷款利息、逾期贷款罚息等标准计算违约金。[1] 对于未明确约定违约金数额或计算方式的，可以参照《民法典》第 585 条的规定：当事人可以约定一方违约时应当根据违约情况向对方支付一定数额的违约金，也可以约定因违约产生的损失赔偿额的计算方法。

约定的违约金低于造成的损失的，人民法院或者仲裁机构可以根据当事人的请求予以增加；约定的违约金过分高于造成的损失的，人民法院或者仲裁机构可以根据当事人的请求予以适当减少。

当事人就迟延履行约定违约金的，违约方支付违约金后，还应当履行债务，并按照实际损失进行赔偿。

（一）继续履行

关于继续履行，《民法典》第 579 条规定：当事人一方未支付价款、报酬、租金、利息，或者不履行其他金钱债务的，对方可以请求其支付。《民法典》第 580 条规定：当事人一方不履行非金钱债务或者履行非金钱债务不符合约定的，对方可以请求履行，但是有下列情形之一的除外：（1）法律上或者事实上不能履行；（2）债务的标的不适于强制履行或者履行费用过高；（3）债权人在合理期限内未请求履行。有前款规定的除外情形之一，致使不能实现合同目的的，人民法院或者仲裁机构可以根据当事人的请求终止合同权利义务关系，但是不影响违约责任的承担。对于守约方来说，相较于违约责任

---

① 雷霆：《合同审查精要与实务指南》，法律出版社 2018 年版，第 136 页。

带来的惩罚,不管是金钱给付还是非金钱给付,都更希望违约方能够继续履行来实现合同目的,因此法律赋予守约方请求继续履行的能力。

(二)采取补救措施

一般在合同不适当履行的情况下可以要求违约方采取补救措施。《民法典》第582条规定,履行不符合约定的,应当按照当事人的约定承担违约责任。对违约责任没有约定或者约定不明确,依据《民法典》第510条的规定仍不能确定的,受损害方根据标的的性质以及损失的大小,可以合理选择请求对方承担修理、重作、更换、退货、减少价款或者报酬等违约责任。对于本条所说的"履行不符合约定"应当作广泛理解,不管是合同标的的品质和标准还是服务的水平和标准,只要没有达到约定的要求就能够主张采取补救措施。需要注意的是,采取补救措施和请求赔偿损失并不是择一,而是可以根据损失的大小同时请求适用。《民法典》第583条规定:当事人一方不履行合同义务或者履行合同义务不符合约定的,在履行义务或者采取补救措施后,对方还有其他损失的,应当赔偿损失。同时守约方对采取的具体补救措施享有选择权但是应当根据履行不适当的比例确定其合理性,对于补救措施没有约定并且合理性存疑的情况就需要守约方承担证明责任。

(三)赔偿损失

赔偿损失指的是债务人不履行合同债务时依法赔偿债权人所受到的损失的责任。有学者认为中国合同法上的赔偿损失是指金钱赔偿,即使包括实物赔偿也是指对排除合同标的物之外的物品进行赔偿。[①] 在实务中,主张赔偿损失除了注意赔偿损失的构成要件外,还须注意违约行为、受害人受到损害、违约行为与损害结果之间有因果关系、违约人没有免责事由。《民法典》第584条规定:当事人一方不履行合同义务或者履行合同义务不符合约定,造成对方损失的,损失赔偿额应当相当于因违约所造成的损失,包括合同履行后可以获得的利益;但是,不得超过违约一方订立合同时预见到或者应当预见到的因违约可能造成的损失。

需要注意两点,本法条将损失分为直接损失和可得利益损失,此其一。学者将本法条贯彻的理论解释为完全赔偿原则,[②]即通过赔偿损失,应使受害人处于如同合同已经履行的状态,此其二。实务中存在的困难在于举证

---

① 崔建远:《合同法》,法律出版社2024年第8版,第250页。
② 崔建远:《合同法》,法律出版社2024年第8版,第256页。

证明损失的存在和给守约方带来的损失,直接损失包括利息损失等能够直接计算明确的损失。但是可得利益的损失的计算就存在许多困难。根据《合同编通则解释》第 60 条第 1 款的规定,赔偿的范围等于非违约方能够获得的生产利润、经营利润或转售利润除去非违约方为订立、履行合同支出的费用等合理成本。

对于此种赔偿损失的责任形态,想要在实务中能够占据优势地位,可以参照违约金将损失的计算方式预先约定下来,从而减少举证的难度。同时应当遵守合理预见规则,《民法典》第 584 条中的但书条款规定不得超过违约一方订立合同时预见到或者应当预见到的因违约可能造成的损失。计算损失的方法应当运用有过失规则、损益相抵规则。理论上,损害计算的标准时点应当进行必要的金钱换算(金钱评价)才能够确定在损害发生时应当采用什么汇率或者具体的算法。法院的计算标准包括四种选择,包括缔约日、违约日、裁判日或违约和裁判之间的某一时日。

(四)违约金

关于违约金,违约金数额、数额的计算方式应当明确,如按合同总金额的一定比例计算违约金,或者按照中国人民银行同期贷款利息、逾期贷款罚息等标准计算违约金。对于未明确约定违约金数额或计算方式的,可以按照《民法典》第 585 条的规定:当事人可以约定一方违约时应当根据违约情况向对方支付一定数额的违约金,也可以约定因违约产生的损失赔偿额的计算方法。

约定的违约金低于造成的损失的,人民法院或者仲裁机构可以根据当事人的请求予以增加;约定的违约金过分高于造成的损失的,人民法院或者仲裁机构可以根据当事人的请求予以适当减少。

当事人就迟延履行约定违约金的,违约方支付违约金后,还应当履行债务。按照实际损失进行赔偿。

(五)定金

关于定金,《民法典》第 586 条规定:当事人可以约定一方向对方给付定金作为债权的担保。定金合同自实际交付定金时成立。定金的数额由当事人约定;但是,不得超过主合同标的额的 20%,超过部分不产生定金的效力。实际交付的定金数额多于或者少于约定数额的,视为变更约定的定金数额。《民法典》第 587 条规定:债务人履行债务的,定金应当抵作价款或者收回。给付定金的一方不履行债务或者履行债务不符合约定,致使不能实现合同目的的,无权请求返还定金;收受定金的一方不履行债务或者履行债务不符合约定,致使不能实现合同目的的,应当双倍返还定金。在实务中,律师需要注意定金的数额不得超过主合同标的的20%,因为超出的部分不会产生定金的效力。定金的数额以实际交付为准,定金合同属于实践合同,只有一定的行为才能发生法律上的效力,因此定金合同的生效以实际交付定金为准,应当注意提醒委托人注意。

第二节　其他程序性条款审查及注意事项

企业合同的条款根据不同的内容和作用可以分为实体性条款和程序性条款。实体性条款如上述的标的、报酬价款、履行时间、履行地点、履行形式等,程序性条款包括免责条款、通知送达条款、争议解决条款和保密条款等。虽然这些条款不是必要条款,不作为合同的核心内容,但是对于合同的成立、生效、履行以及维护当事人的利益具有重要作用。本书对常用的条款进行实务操作上的分析梳理。

(一)程序性条款审查

1.鉴于、引言条款

鉴于、引言条款一般位于合同的首部,实务中,鉴于条款一般是在正文前面的一些引导陈述,并非合同的必备条款,一般根据合同的类型和需要设置。一般按照国际惯例,鉴于条款并没有法律效力[①],但是有些案件法院会支持鉴于条款的效力,因此在审查鉴于条款时,为了避免含糊不清,一般不在鉴于条款中规定双方的权利义务,而是在合同正文明确约定,从合同结构考虑应当简略设置。引言条款审查同样适用鉴于条款,尽量简略或者两句话带过,针对比较详细的合同可以相应详细一些。

2.免责条款

免责条款指基于法律规定或当事人的事先约定,旨在限制或者免除当事人未来责任的条款,一般分为法定免责条款和约定免责条款。对于法定免责条款应当注意审查不可抗力的范围,需要订立合同时不能预见、不能人为避免或克服,不能是人为造成的或者通过现代科技事先能够预知的,此其

---

① 何力、常金光等:《合同起草审查指南——三观四步法》,法律出版社2024年第5版,第274页。

一。遭受不可抗力还需要履行通知和减少损失的义务,在合同中需要写明,此其二。对于约定免责事由,实务中往往会出现造成对方人身损害、故意或者重大过失造成对方财产损失的免责条款,但是根据《民法典》第 506 条的规定,合同中的下列免责条款无效:(1)造成对方人身损害的;(2)因故意或者重大过失造成对方财产损失的。在审查合同时需要注意排除。并且格式条款中约定免除提供格式条款一方责任的条款无效。依据《民法典》第 497 条的规定,"有下列情形之一的,该格式条款无效:(一)具有本法第一编第六章第三节和本法第五百零六条规定的无效情形;(二)提供格式条款一方不合理地免除或者减轻其责任、加重对方责任、限制对方主要权利;(三)提供格式条款一方排除对方主要权利"。

3.通知送达条款

关于通知送达条款,有学者指出在实务中,合同约定通知送达条款的作用是在合同履行中固定证据和程序便利。[①] 现代社会技术发展,电子送达和书面送达作为两种常见的送达的方式存在,但是电子送达在实践中还存在一定的缺陷,例如 QQ、微信等方式遇到网络卡顿或者掉线等情况。因此在合同审查中对于通知送达条款可以尽可能规定书面方式,既能够让双方重视该条款,还能够固定证据、方便备份。

4.保密条款

关于保密条款,企业之间在订立合同时涉及商务活动的往来往往会涉及企业之间的商业秘密,因此在签订合同时,律师对商业合同的审查需要重视,出于保护各方商业秘密和隐私,防止恶意磋商等不诚信的行为,在审查合同保密条款时除了涵盖保密信息的范围、保密人员、保密期限、违反保密义务需要承担的责任等内容外,还需要根据合同的类型和企业的业务类型判断是否需要保密约定并着重审查上述的保密协议基本要素。

5.争议解决条款

关于争议解决条款,无论是违约责任的行使还是产生的其他的诉讼纠纷,纠纷争议解决条款显得尤为重要,一般都是以仲裁条款和法院管辖为主。律师在审查企业合同时,针对仲裁条款的设定可以针对以下几种情形:涉及商业秘密、技术和商业信息不愿泄露或公开的情况的,合同各方不愿意

---

① 张海燕:《合同审查思维体系与实务技能》,中国法制出版社 2017 年第 2 版,第 147 页。

争议被外界知晓,想要避免公开审理和公开法院裁判文书的情况,此其一。对方主要资产在国外或者专属管辖地点对于我方不利的,此其二。不愿意破产案件由破产法院集中管辖的,此其三。约定法院专属管辖的情形主要包括:权利义务涉及第三方主体,己方实力较弱、后续纠纷会处于明显劣势地位和可能未来需要借助公权力机关的帮助,对于财产保全和证据保全有需要的。

合同违约责任条款的约定是企业合同审查的重要内容,在违约方违反合同约定或者没有完成约定导致合同目的无法实现时,守约方的经济损失需要依靠违约责任条款进行弥补。签订和履行合同的投入损失也依靠违约责任进行补足。违约责任的补偿性和惩罚性特征归根到底都是对守约方的保护。律师在审查企业合同违约条款时应当注意一下可能存在的法律风险。

(二)注意事项

1.注意不同类型的合同和合同目的来审查标的条款

合同的标的具有明确性和特定性的特点,就服务性企业合同来说,一方要求对方提供的可能是特定的“广告制作服务”或者“承揽加工”,那么在签订合同时就不能仅仅用“广告服务”“承揽合同”等容易产生歧义或者导致权利义务不明确的表述。同时,应当将不同的标的格式和内容固定下来,例如对于物品类标的往往涉及品名、规格、型号、颜色等特征,服务类标的需要明确规定服务的范围、服务期限、服务方式等。

2.质量标准需要明确且具备检验条款和异议条款

对于质量标准没有约定或者约定不明确时要注意不同的标的类型质量标准也会有所不同,有学者将其分为物品、行为和权利三类质量标准条款。[①] 物品类质量标准应当客观、确定,行为类质量标准应当完整、可评价,权利类质量标准应当完整、可处置。律师在审查这些合同时应当多问多想,质量标准需要契合合同实现的目的来确定。

3.针对合同义务约定违约责任,防止缺乏请求违约责任的依据

一般请求违约方承担违约责任的依据是对方违反了原先设定的义务,一般的合同中都会规定明确双方的义务条款,通过设定违约责任能够增加

---

① 张海燕:《合同审查思维体系与实务技能》,中国法制出版社 2020 年第 2 版,第 113 页。

对方对自身义务的遵守,在一定程度上能够督促对方积极履行相应的义务。同时又能够在对方没有按照约定履行或者履行并不符合约定时通过事先约定的违约责任保护自身的合法权益,从而使得将利益补偿到实际履行的最佳状态。需要注意的是,就对方的合同义务的内容、履行时间、履行方式等有针对性地设置违约责任条款,防止出现对方违反义务却无法根据已有的法律规定进行追责的情况,对于没有约定违约责任的条款可以进行补增或补充协议等补救措施。

4.违约责任注意合法性

在违约责任适用过程中首先需要具备基本的法律效力,其约定不能够违反法律法规的强制性规定,并且对于合并适用和违约金、定金设定超过法律规定的调整也需要按照法律设定相应的条款。我国《民法典》中规定了多种违约责任形式,但是这些并不是完全的并列关系,有的能够合并适用,有的只能单独适用。其中,继续履行和采取补救措施能够与支付违约金、赔偿损失并用,因为合同目的的实现更为当事人看重。另外,定金和违约金不能合并适用,只有在违约金和定金不足以弥补损失的情况下才能够与赔偿损失合并适用。律师在企业合同审查的过程中应当参考相关法律的规定,避免合同中存在类似的错误而产生不必要的费用。

典型案例分析

基本案情

2016 年 10 月 7 日,甲设备公司、乙装饰公司签订工业产品购销合同,约定乙装饰公司向甲设备公司购买热镀锌钢管等产品。合同约定:交货期 90 日内全部供完,自乙装饰公司预付款到达甲设备公司指定账户之日起算……付款方式为合同生效之日起 3 日内向乙装饰公司支付预付款 20%,货物全部送达交货地点乙装饰公司组织签收完毕 5 日内再支付合同总金额 60% 的到货款,调试验收完毕 5 日内向乙装饰公司支付合同总金额的 15% 的调试款,留 5% 的质量保证金 1 年,质量保证期满 1 周内一次性付清。

违约责任约定:(1)甲设备公司非因不可抗力及意外事件导致的迟延交货,每延迟 1 日应按迟延交货金额的 1% 向乙装饰公司支付违约金;(2)乙装饰公司迟延付款的,每迟延 1 日按延期付款金额的 1% 向甲设备公司支付违约金;(3)产品生产完毕后,乙装饰公司提出暂缓发货的,由甲设备公司代为保管的期限为 30 日……乙装饰公司超过代管期仍未提货的,视为乙装饰公司拒收货物致甲设备公司目的不能实现,甲设备公司可行使单方合同解除权,解除合同的通知自到达乙装饰公司时生效,乙装饰公司应按合同总额的 30% 承担违约责任,若甲设备公司的实际损失超过 30% 的,则按实际损失追偿。

甲设备公司在 2016 年 10 月 9 日到 2017 年 11 月 30 日发货正常并签订了补充协议,但是在 2016 年 12 月 17 日,乙装饰公司向甲设备公司发送催货通知书,称急需该批货物用于施工,而甲设备公司未及时供货已造成工期延误,要求甲设备公司接函后立即发货,否则将追究甲设备公司的违约责任及赔偿损失。甲设备公司的业务代表于同年 12 月 18 日签字确认"收到通知书"。

2018 年 1 月 15 日,乙装饰公司委托江苏某律师事务所向甲设备公司发送律师函,称因甲设备公司的严重违约导致乙装饰公司无法施工,已造成巨额损失及第三方索赔,要求甲设备公司在接函 3 日内解决违约一事,否则采取诉讼途径解决。

一审庭审,乙装饰公司明确暂不提起反诉,要求甲设备公司继续履行合同。

上海市金山区人民法院于 2020 年 12 月 22 日作出民事判决:驳回甲设备公司的全部诉讼请求。甲设备公司向上海市第一中级人民法院提出上诉认为,乙装饰公司未在合理期限内要求履行,也未作为善意商事主体提出或同意解除合同,刻意造成付款条件不成就,形成合同僵局,违反诚信和公平原则。乙装饰公司怠于行使继续履行的权利已远超合理期限,该权利不受法律保护,应准予另一方要求解除合同,以避免利益失衡。

上海市第一中级人民法院于 2021 年 5 月 27 日作出(2021)沪 01 民终 2526 号民事判决:(1)撤销上海市金山区人民法院(2020)沪 0116 民初 10613 号民事判决;(2)甲设备公司和乙装饰公司于 2016 年 10 月 7 日签订的工业产品购销合同于 2020 年 11 月 23 日解除;(3)乙装饰公司于判决生效之日起 10 日内支付某设备公司货款 308187.20 元;(4)驳回甲设备公司其余的诉讼请求。

案例评析

企业合同内容审查的要旨在于规避风险和实现共同目的,双方之间的权利义务明确客观能够帮助后续问题的顺利解决,并且本案中约定的违约责任条款具体全面,选择本案评析的原因是能够帮助律师在审理企业合同时跳出合同的内容,从合同的目的出发整体把握合同的内容,从而更容易审查合同内容中存在的问题。从双方的权利义务和违约责任条款的设定进行评析,本案的企业合同拟定具有一定的参考价值。

合同标的可能产生变化影响后续合同履行的可以事前约定解决方式,以免后续产生不必要的损失。本案中甲设备公司与乙装饰公司签订的是工业产品购销合同,其中涉及的热镀锌钢管价格逐年呈上涨趋势,2017年5月24日为4300元/吨,2021年5月8日为6560元/吨。巨大的价格差异导致甲设备公司已经无法继续履行合同,但是乙装饰公司作为债权人没有在合理期限内要求债务人履行,仅在律师函中要求甲设备公司于接函后3日内解决违约一事,甲设备公司未继续履行,乙装饰公司也没有积极主张权利。最后甲设备公司对于"合同僵局"的局面束手无措,法院最终依据《民法典》第580条的规定作出判决。当事人一方不履行非金钱债务或者履行非金钱债务不符合约定的,对方可以请求履行,但是有下列情形之一的除外:(1)法律上或者事实上不能履行;(2)债务的标的不适于强制履行或者履行费用过高;(3)债权人在合理期限内未请求履行。有前款规定的除外情形之一,致使不能实现合同目的的,人民法院或者仲裁机构可以根据当事人的请求终止合同权利义务关系,但是不影响违约责任的承担。《民法典》第580条赋予违约人权利终止合同权利义务关系。

因此,在审查合同时,对于会随时产生变动的标的,不管是物、权利还是服务型标的,应当根据标的物的特点约定变动后解决措施。

本案的违约责任条款的约定根据双方的义务进行详细的约定,由于甲设备公司主要的义务为按时交付标的物,而乙装饰公司的主要义务为及时支付预付款并按时提货,律师在审查企业合同的违约条款时需要参照双方的主要权利义务进行设定才能够全面实现合同目的。

相关法律规则

中华人民共和国民法典

第四百六十六条　当事人对合同条款的理解有争议的,应当依据本法

第一百四十二条第一款的规定,确定争议条款的含义。

合同文本采用两种以上文字订立并约定具有同等效力的,对各文本使用的词句推定具有相同含义。各文本使用的词句不一致的,应当根据合同的相关条款、性质、目的以及诚信原则等予以解释。

第四百七十条　合同的内容由当事人约定,一般包括下列条款:

(一)当事人的姓名或者名称和住所;

(二)标的;

(三)数量;

(四)质量;

(五)价款或者报酬;

(六)履行期限、地点和方式;

(七)违约责任;

(八)解决争议的方法。

当事人可以参照各类合同的示范文本订立合同。

第四百九十条　当事人采用合同书形式订立合同的,自当事人均签名、盖章或者按指印时合同成立。在签名、盖章或者按指印之前,当事人一方已经履行主要义务,对方接受时,该合同成立。

法律、行政法规规定或者当事人约定合同应当采用书面形式订立,当事人未采用书面形式但是一方已经履行主要义务,对方接受时,该合同成立。

第四百九十六条　格式条款是当事人为了重复使用而预先拟定,并在订立合同时未与对方协商的条款。

采用格式条款订立合同的,提供格式条款的一方应当遵循公平原则确定当事人之间的权利和义务,并采取合理的方式提示对方注意免除或者减轻其责任等与对方有重大利害关系的条款,按照对方的要求,对该条款予以说明。提供格式条款的一方未履行提示或者说明义务,致使对方没有注意或者理解与其有重大利害关系的条款的,对方可以主张该条款不成为合同的内容。

第五百零六条　合同中的下列免责条款无效:

(一)造成对方人身损害的;

(二)因故意或者重大过失造成对方财产损失的。

第五百一十条　合同生效后,当事人就质量、价款或者报酬、履行地点等内容没有约定或者约定不明确的,可以协议补充;不能达成补充协议的,按照合同相关条款或者交易习惯确定。

第五百一十一条　当事人就有关合同内容约定不明确,依据前条规定仍不能确定的,适用下列规定:

(一)质量要求不明确的,按照强制性国家标准履行;没有强制性国家标准的,按照推荐性国家标准履行;没有推荐性国家标准的,按照行业标准履行;没有国家标准、行业标准的,按照通常标准或者符合合同目的的特定标准履行。

(二)价款或者报酬不明确的,按照订立合同时履行地的市场价格履行;依法应当执行政府定价或者政府指导价的,依照规定履行。

(三)履行地点不明确,给付货币的,在接受货币一方所在地履行;交付不动产的,在不动产所在地履行;其他标的,在履行义务一方所在地履行。

(四)履行期限不明确的,债务人可以随时履行,债权人也可以随时请求履行,但是应当给对方必要的准备时间。

(五)履行方式不明确的,按照有利于实现合同目的的方式履行。

(六)履行费用的负担不明确的,由履行义务一方负担;因债权人原因增加的履行费用,由债权人负担。

第五百一十三条　执行政府定价或者政府指导价的,在合同约定的交付期限内政府价格调整时,按照交付时的价格计价。逾期交付标的物的,遇价格上涨时,按照原价格执行;价格下降时,按照新价格执行。逾期提取标的物或者逾期付款的,遇价格上涨时,按照新价格执行;价格下降时,按照原价格执行。

第五百六十三条　有下列情形之一的,当事人可以解除合同:

(一)因不可抗力致使不能实现合同目的;

(二)在履行期限届满前,当事人一方明确表示或者以自己的行为表明不履行主要债务;

(三)当事人一方迟延履行主要债务,经催告后在合理期限内仍未履行;

(四)当事人一方迟延履行债务或者有其他违约行为致使不能实现合同目的;

(五)法律规定的其他情形。

第五百七十七条 当事人一方不履行合同义务或者履行合同义务不符合约定的,应当承担继续履行、采取补救措施或者赔偿损失等违约责任。

第五百七十九条 当事人一方未支付价款、报酬、租金、利息,或者不履行其他金钱债务的,对方可以请求其支付。

第五百八十二条 履行不符合约定的,应当按照当事人的约定承担违约责任。对违约责任没有约定或者约定不明确,依据本法第五百一十条的规定仍不能确定的,受损害方根据标的的性质以及损失的大小,可以合理选择请求对方承担修理、重作、更换、退货、减少价款或者报酬等违约责任。

第五百八十三条 当事人一方不履行合同义务或者履行合同义务不符合约定的,在履行义务或者采取补救措施后,对方还有其他损失的,应当赔偿损失。

第五百八十五条 当事人可以约定一方违约时应当根据违约情况向对方支付一定数额的违约金,也可以约定因违约产生的损失赔偿额的计算方法。

约定的违约金低于造成的损失的,人民法院或者仲裁机构可以根据当事人的请求予以增加;约定的违约金过分高于造成的损失的,人民法院或者仲裁机构可以根据当事人的请求予以适当减少。

当事人就迟延履行约定违约金的,违约方支付违约金后,还应当履行债务。

第五百八十六条 当事人可以约定一方向对方给付定金作为债权的担保。定金合同自实际交付定金时成立。

定金的数额由当事人约定;但是,不得超过主合同标的额的百分之二十,超过部分不产生定金的效力。实际交付的定金数额多于或者少于约定数额的,视为变更约定的定金数额。

思考题

1. 结合本章内容,论述在企业合同内容审查中,针对合同标的的审查要点,并分析如何通过具体的审查方法防范标的相关的法律风险,以确保合同的顺利履行。

2. 根据本章对违约责任的讨论,分析在企业合同中设置违约责任条款时应考虑的因素,并论述如何确保违约责任条款的合法性和有效性,以有效保护守约方的合法权益。

3.探讨企业合同中程序性条款(如免责条款、通知送达条款、争议解决条款等)的重要性,并结合具体案例分析这些条款在合同审查中的重点,以及如何通过合理设置这些条款来预防和解决潜在的合同纠纷。

客观题扫码自测

第四章　企业合同签订管理

在市场经济背景下,合同已然成为企业最常见的契约方式,但因为合同契约的主体是追求自利和有限理性,因此在合同订立过程中并不会完全遵照民法规定的公平公正原则,通常市场主导权方就是合同的话语权方,会将有利于其发展的内容在合同文本条款中进行体现。[①] 这种不公正条款的签订不仅会让当事人之间产生不必要的纠纷,也会给我国经济的发展带来严重损害,因此我们国家需要对企业合同的签订内容进行管理。

第一节　企业合同订立的基本问题

一、合同的形式

合同订立是指缔约人为意思表示达成合意的状态,作为民事法律关系发生变动的开始,可以说没有合同订立就没有交易,也就没有合同。[②] 而无论是哪种合同都需要明确的载体去承担,根据《民法典》第 469 条的规定,当事人订立合同,可以采用书面形式、口头形式或者其他形式。合同形式作为合同内容合意的外在表现形式,其不同的样态也会对合同的效力产生影响。

（一）口头形式

合同的口头形式是指当事人仅通过口头言语就能完成意思的合意进而

订立合同的形式,该种订立方式方便快捷,当事人可以随时完成合同的订立,缺点在于取证困难,一旦发生纠纷难以分清责任,并且在口述过程中可能会出现表述内容不清楚的情况,徒增了交易风险。正是因为口头合同具有这种特性,因此在实务处理过程中,法官会根据交易习惯和日常生活经验等因素对双方提交的证据进行判断,进而得出合理的裁判结果。

（二）书面形式

合同的书面形式是指当事人通过合同书、信件和数据电文等以文字为表达方式的民事法律行为形式。对比"口头形式",书面形式的优点在于对当事人权利义务的约定更加具体明确,发生纠纷时也有利于当事人进行举证,此外还能便于有关部门进行管理和监督。因此,在实务中大多数合同都是通过书面的形式订立,而对于劳动合同、担保合同和土地承包合同等具有特殊性质的合同,法律则要求当事人必须以书面的方式订立。一般而言,法定书面形式需要满足两个条件:文书和签名。前者是指能够记录信息和表达意图的文字材料,对其制作样式并无明确规定,既可以是手写也可以是打印;而后者则是代表了当事人对合同内容的确定和认可,既可以是当事人亲手签也可以委托他人帮忙签,其效力不会发生变化。[①] 文书代表了合同的内容,是双方意思表示在纸面上的具体表达,而签名或盖章代表了表意人对合同内容的同意,具有决定合同成立时间和识别合同当事人的重要功能,是法院判断合同是否存在书面形式的重要依据。

（三）电子合同

随着电子商务的兴起,以数据电文的方式订立合同的情况也早已屡见不鲜了。电子合同在性质上依然属于合同,依然是当事人意思表示之合意,只是采取了电子表示的形式,即通过电子邮件和电子数据交换等方式订立的合同。对于电子合同的形式,《民法典》第 469 条第 3 款中已经对其进行了明确,因为电子数据能以有形的方面展现所载的内容,因此电子合同就是书面合同中的一种特殊类型,同样能适用于书面合同的一般规则。但由于电子合同在表现外观上的特殊性,人们往往会更愿意相信以书面形式订立的合同,而不是电子形式。之所以会产生这种印象,主要在于电子数据具有易修改的特点,如果其被伪造和篡改,一般人往往难以察觉,而书面形式是以纸质版的方式保存下来,对其内容的修改会比修改电子数据更加困难。

---

① 参见朱广新:《书面形式与合同的成立》,载《法学研究》2019 年第 2 期。

而且在社会中,很多中老年人并不能理解电子数据的存在和传播,在适用的普遍性上也不如一般的书面形式。但随着信息技术的快速发展,电子合同的保密性和证明力也在逐年提高,并逐渐成为我国订立合同的主流方式之一。

当然,合同的表现形式并不仅仅只有上述三种,《民法典》第 469 条中规定的"其他形式"更多的是从尊重当事人意思自治的角度出发,呈现出对合同形式自由原则的认可。只要当事人意思表示一致,在不违背法律法规的强制性规定和公序良俗的情况下,合同的形式可以既不是口头也不是书面,例如在某地的拍卖会上,可以根据当地习惯将举手视作为同意出价,进而完成合同的订立。

二、订立合同的方式

对于订立合同的方式,可以参考《民法典》第 471 条的相关规定,其中要约和承诺无疑是具有重要地位的。作为当事人意思表示一致的外在形式,可以说如果没有要约与承诺,合同就无法订立成功,即要约和承诺都是订立合同的必经阶段,合同要想订立成功就不能绕过这两个概念。

(一)要约邀请

要约邀请又称要约引诱,是指当事人希望他人向自己发出要约的意思表示,在现实生活中多以商业广告、拍卖公告、招股意向书和招标公告等方式呈现。根据上述这些行为也可以发现,要约邀请的特点在于该主体发出的意思表示并不是想直接与对方订立合同,而仅仅是提供某些参考的条件,从而引诱对方主动向其订立合同。作为合同订立的预备行为,要约邀请本身并不直接导致合同的成立,因此对于当事人而言不会产生明显的约束力。作为日常生活中常见的法律行为,在一般情形下,要约邀请并不发生法律效力,只有当例外情形出现时,要约邀请才有可能产生法律效力。例如,错误陈述或是欺诈可能会构成缔约过失责任,即要约邀请作出时,其允许的条件与实际不一致或者是要约邀请人不按照要约邀请中的既定方法或标准承兑,那么在合同订立过程中对方当事人可能产生的损失应当由要约邀请人承担。[①] 之所以会对当事人产生法律效力,其理论依据来源于民法中的诚

---

① 参见张华、沈忱:《要约邀请、要约和承诺的效力认定》,载《法律适用》2013 年第9 期。

信原则。这种诚信原则在实务操作过程中为当事人设立了一种信赖义务，从而使得合同能顺利履行。而要约邀请人在发出要约邀请时，无疑是给予了对方一种信赖利益，诱使对方向其发出要约，如果要约邀请人并不能保证其邀请内容的真实性，那无疑会给对方当事人的利益造成损害，要约邀请人也应当为此承担缔约过失责任。

（二）要约

要约是指要约人以缔结合同为目的，向另一方当事人提出合同要求，希望与其订立合同的意思表示。要约要想对当事人产生法律效力，则需要符合这样两个条件：一是，要约的内容必须具体明确；二是，经受要约人承诺，要约人即受该意思表示约束。前者是指在合同订立时，要约的内容必须包含能够使合同成立的主要条款，例如当事人和标的，并且要约所指向的权利义务必须是明确的，能清楚表达要约人的意思并能被受要约人所理解，只有满足这些条件时，要约本身才能具有效力。而后者则是指要约人所应承受的义务，即根据民法中的诚实信用原则，如果要约人发出的要约被承诺了，那就意味着双方当事人已经达成合意，要约人也就具有了履行的义务，如果要约人违反这份合意，那么就应该为此承担相应的缔约过失责任。此外，要约必须向要约人希望与之订立的人发出。原则上来说，要约只能向一个或数个特定人发出，假如受要约人不特定了，就不容易发现要约人的真实意图，交易就很难顺利完成，甚至有可能出现一房数卖的情况，因此受要约人特定是有必要的。当然，这也有例外情形，假如要约人发布的是悬赏广告的话，受要约人就没有必要是特定的，因为悬赏广告只能向不特定的社会公众发出，任何人只要完成了广告中要求完成的事项即为承诺，所以在特殊情况下，受要约人也可以是不特定的。

（三）承诺

承诺是指受要约人同意要约的意思表示。根据《民法典》第483条的规定：承诺生效时合同成立。根据该项条款可以得出，承诺完成后最直接的法律后果就是使双方欲要缔结的合同成立。而正是因为承诺能产生如此重要的法律效力，因此承诺的实现需要满足以下几个要件：首先，承诺必须是由受要约人向要约人发出，因为要约人发出要约的目的在于让两者之间产生合同上的权利义务关系，因此只有受要约人才有承诺的资格，受要约人以外的人作出承诺则不发生效力。其次，承诺的内容应当与要约一致，如果受要约人对要约内容作出了实质性的变更，那么就应该认定其为新要约。最后，承诺必须在要约规定的期限内作出,若受要约人未能在要约的存续期间届满前作出,那么该回复不再发生承诺的效力,应被视为新要约。至于承诺的生效时间,我国采用的到达生效原则,即承诺通知到达要约人控制范围即可生效,至于要约人是否真正了解通知内容,并不会影响承诺的效力。而在实务操作过程中,承诺往往会和合同生效的时间和地点,以及发生纠纷时认定法院的管辖等要素具有密切联系,因而对于承诺的认定会比要约更加严谨。

(四)要约邀请与要约的区别

要约与要约邀请之间的联系非常紧密,对于两者的区分不能简单机械,要根据行为的具体内容来综合判断。首先,两者目的上的不同。要约是以订立合同为目的,一旦得到承诺,合同即会成立;而要约邀请发出时,并不存在明显的缔约意图,而仅仅只是提供一些与交易有关的参考条件,以让对方当事人发出要约作为其目的。其次,两者内容上的不同。一般而言,要约的内容应该要包含合同的主要条款,例如当事人姓名、数量和标的;而要约邀请的内容则比较笼统,不需要包含合同的主要条款。但是这种区分并不是绝对的,如果当事人明确表示其不受允许内容的拘束或须以最后确定为准,那么仍应该认定其为要约邀请而不是要约。[①] 再次,受要约对象也不同。因为要约人想要缔结要约的对象是具体明确的,所以要约的受约对象是特定主体;而要约邀请的目的只是想引起不特定的对象发出要约的兴趣,所以其受约对象是不特定主体。最后,可以依照交易习惯来判断该行为是要约还是要约邀请。例如出租车显示"空车"或"待租"行驶在马路上,如果按照法理规定的话,该行为应该是要约邀请,但是实务操作过程中依照当地的交易习惯应当将其视为要约,只要乘客招手租车,即构成承诺进而合同成立,出租车司机不得拒绝。[②]

三、先合同义务

先合同义务是指在合同生效前的缔约过程中,双方当事人基于诚实信用原则而负有的说明、告知、保密、通知等义务。作为一种法定义务,无须缔约双方约定,也不允许双方约定排除,是法律为了保护缔约当事人和维护交

---

① 参见孙玲慧:《电子合同中要约与要约邀请的区分规则》,华东政法大学 2011 年硕士学位论文。

② 参见刘凯湘:《合同法》,中国法制出版社 2010 年版,第 105 页。

易安全而设立的。而判断当事人在"缔约阶段"这一期间是否产生了先合同义务,应当是视当事人之间是否因接触而具有某种缔约上的联系。① 这种缔约上的联系主要是指当事人之间是否因为接触产生了特别的信赖关系和忠诚关系,在当事人为了缔结合同而协商之际,已由原来的普通关系进入到一个较为紧密的关系之中,随着密切程度的加深,双方均应依诚实信用原则负互相协助、照顾、保护等义务。② 此外,对于先合同义务开始的时间可以以要约生效作为基准。这主要是因为只有当要约到达受要约方时,才能对要约人和受要约人产生约束力,双方才会进入特定的信赖关系当中,双方当事人也只有在此情况下才可能基于信赖对方而作出缔结合同的必要准备等实质工作,对于违反先合同义务的行为进行制裁才有意义。③ 当然,在一般情况,依照合同自由原则,除非是强制缔约的场合,当事人如有正当理由可以随时在磋商过程中中断谈判,只有在该行为会给另一方当事人造成巨大损失的情况下才应承担缔约过失带来的责任。

在实践中,先合同义务的具体形态又可以分为告知义务、保护义务、保密义务和诚信义务等等,这些义务要求合同当事人要如实告知相对人合同生效的条件,保护合同当事人在缔约磋商阶段中的人身和财产权利,保守对方当事人透露的技术和商业秘密,在缔约过程中恪守诚信原则,不得无缔约意图而恶意磋商等等。④ 正如民事赔偿责任一般以损害事实存在为前提,缔约过失责任也要求以合同当事人违反先合同义务而遭受损失为前提,但对于这种损失的赔偿范围,学界尚未形成统一的认识。有的学者主张对信赖利益损失的赔偿应仅限于直接损失,因为信赖利益必须是一种合理的能够确定的损失,而机会所形成的利益是很难合理确定的,如果允许基于缔约过失赔偿机会损失,则容易导致缔约过失的赔偿范围不合理地扩大,甚至会诱发当事人与第三人恶意串通的情况出现。⑤ 但也有学者认为,在公平原

---

① 参见吴一平:《论缔约过失责任的认定》,载《东岳论丛》2012 年第 3 期。

② 参见冉克平:《缔约过失责任性质新论——以德国学说与判例的变迁为视角》,载《河北法学》2010 年第 2 期。

③ 参见王泽鉴:《民法学说与判例研究(一)》,北京中国政法大学出版社 1998 年版,第 125 页。

④ 参见韩成军:《缔约过失责任的理论逻辑与实证注解》,载《河北法学》2011 年第 7 期。

⑤ 参见王利明:《合同法研究》(第一卷),中国人民大学出版社 2015 年版,第 366 页。

则的要求下,因信赖契约成立而失去的缔结其他契约的机会所蒙受的间接损失也应当归于缔约过失的赔偿范围内,否则对于被损害方,其遭受的损失可能要远超其所能得到的赔偿数额,这无疑是有违公平正义原则。[1] 很明显,学界之所以会对该问题争议不休,其根本原因还在于当事人缔约机会的不确定性,再加上民事主体之间的缔约自由,导致学界在这一问题上未能达成统一的共识。但无论如何,法官在裁判案件时对缔约过失赔偿范围的判断应该始终贯彻公平正义和诚实信用原则,要根据个案的具体情况具体判断。对于损失金额的数量,可以将具体推定和抽象推定结合起来进行考量,前者根据受害人遭受的损失、支出的费用来计算损失额,后者按照当时社会一般情况的观察和总结来确定损失额,通过这两种计算方式的结合来得出一个合理的赔偿数额,以此来更好地保护受害者的利益不受侵害。[2]

第二节　企业合同订立时的审查

一、对合同主体资格的审查

对于合同主体的审查是在合同订立之前首先要完成的任务。如果在企业签订合同的过程中没有对合同相对方的信用状况、企业资质和过往业绩等进行详细调查,就可能会造成合同当事人主体不适格或其他瑕疵状况,最后导致合同履行困难或合同目的无法实现的不良结果。[3] 因此,对于合同的相对方的选择会是合同风险审查的重中之重。就公司而言,其合同的相对人既有可能是自然人,也有可能是法人或其他组织,而两者审查标准无疑是不同的。

(一)对自然人的合理审查

对于自然人而言,原则上只有完全民事行为能力人才具备签订合同的主体资格,即"18 周岁以上"或"16 周岁以上不满 18 周岁,以自己的劳动收入为主要生活来源"的公民。之所以认为完全民事行为能力人可以成为合

---

① 参见李琳琳:《试论缔约过失责任适用效力扩充及损害赔偿拓展》,载《学术交流》2016 年第 4 期。

② 参见涂咏松:《信赖利益损害之机会损失分析》,载《华东政法大学学报》2009 年第 4 期。

③ 参见李刚:《企业合同法律风险及防范研究》,山东大学 2019 年硕士学位论文。

同订立的主体,其主要原因在于完全民事行为能力人能正确理解自己的行为后果并能独立表达自己的意思,这是合同主体所必须具备的。而对于限制民事行为能力人和无民事行为能力人,前者只能签订纯获利益的合同或与其年龄、智力和精神健康状况相适应的合同,而后者只能从事一些纯获利益的行为或是日常生活所必须的交易,一般而言其与企业签订的合同都应当由其法定代理人代为实施,或由其法定代理人追认后才会生效。因此在与自然人签订合同时,应当检查其身份证件,核实其是否为完全民事行为能力人,如果是限制民事行为能力人或无民事行为能力人,那么就应该要求当事人提供法定代理人书面同意的材料,以此来避免合同无效而带来的风险。

(二)对法人或其他组织的合理审查

对于法人和其他组织的主体而言,首先要做的就是建立起完善的资格审查体系,通过对其营业执照和税收登记的审查,了解其营业范围和过往历史,如果相对人有涉及特殊行业的,还要审查其是否获得了相应的行政许可,并对其出具的资质证书进行核实,从而确保相对人具有订立合同的资格和交付货款的能力。其次,即使合同主体资质审查是合格的,也应该继续审查合作单位的履约能力。履行能力主要指当事人履行经济合同的实际能力,既包括企业性质、人员构成、注册资本和资金来源,也包括生产能力、技术水平、产品质量和交货能力等等,这些资料既可以从工商行政管理、中国税务机关和中国人民银行征信中心等机构进行查询,也可以派专员去实地调查获取。最后,在合同订立过程中也应该提高警惕。在实务中,为了追求企业的利润,合同相对方很有可能会突破道德底线,利用欺诈或恶意串通等手段诱导当事人签订可能对其不利的合同,从而让企业蒙受巨大的损失。因此,企业的经营管理者应该重视合同订立时的管理问题,不能因为追求效率而草率地订立,要经过仔细考察且对合同风险明晰之后方能决定合同的订立。

(三)对法定代表人的合理审查

根据《民法典》第 61 条的规定,法定代表人代表法人从事相关民事活动,其法律后果由法人承受,故而在实践过程中一般都是通过法定代表人的签字情况来判断企业间的合同是否成立。但这并不意味着只要有法定代表人的签字,其合同效力就一定能约束双方当事人,在法定代表人的越权担保中,如果相对人没有尽到合理审查义务,那么越权担保合同将归于无效。因此,在订立企业间的担保合同时,不仅需要审查对方的法定代表人是否具有合法的代表资格,还应该审查其代表权限是否在法定或约定的权限范围内。[1] 由于法律或行政法规有对法定代表人的代表权进行明确的规定,所以推定债权人应当知悉该部分内容。而对于约定的权限范围,则可以从公司章程和内部决议入手,如果债权人对这两份文件进行了形式上的审查,那么就可以认定债权人在订立担保合同的过程中确实尽到了合理审查的义务,担保合同应当对保证人产生效力。

二、对合同内容的审查

(一)合同条款的准确性

在合同的订立阶段不仅要对合同相对人的主体资格进行审查,还应该审慎审查合同中的条款内容。合同条款作为合同客体的具体表现形式,明确规定了合同当事人权利义务责任,其约定的内容能否完全履行将决定着合同目的能否实现。合同条款应当具有准确性、严谨性和逻辑性,对于合同客体的约定必须用语清晰、指向明确,尽可能地避免用语上的歧义。对于合同条款的规定也不能仅是寥寥几个条款,过于笼统且模糊的规定并不利于企业主对损失利益进行维权,所以,在合同内容的规定上必须做到严谨且细致。根据《民法典》第470条的规定,合同条款一般包括当事人的姓名和住所、标的、数量、质量、价款、履行期限、违约责任、解决争议的方法等8项内容。其中,当事人的姓名和住所、标的和数量作为合同的必备条款,如果欠缺这些要素,则会对合同的成立产生影响;而履行期限和违约条款等内容则属于合同的普通内容,有约定的按照约定,没有约定的按照法律规定进行处理。但无论如何,在合同订立过程中任何因素都应该充分考虑,否则可能会因为合同规定的不严谨而引来不必要的纷争。[2]

(二)合同中应当明确的内容

首先就是要在合同中明确标的物的名称,避免简称或其他不标准的称呼,同时也应该将货物的规格、花色、品种等相关内容写进合同当中,要让合同双方当事人对交付的货物都能拥有清晰且准确的认知,确保在最后交付货物时不会产生分歧。其次,应该将履行期限明确写入合同当中。如果未

---

[1] 参见王利明:《论越权代表中相对人的合理审查义务:以〈合同编解释〉第20条为中心》,载《中外法学》2024年第1期。

[2] 参见徐向国:《企业合同管理法律风险识别与防范》,吉林大学2014年硕士学位论文。

对履行期限予以明确规定,可能会造成当事人迟延履行的风险,情节严重的可能会导致合同目的无法实现。尽管在《民法典》第511条中对履行期限有补充性规定,但这种规定也存在着诸多问题,例如"债务人可以随时履行"这一条款,如果债务人在交付货物时过早履行其义务,可能会让债权人在仓储和管理上增加不必要的负担,那么这种商业风险又应该由谁来承担呢?因此当事人在订立合同时,应该要明确约定合同履行的期限,避免因迟延履行或提前履行而造成的商业风险。再次,对于违约责任的规定也应该在合同订立时明确。在实务过程中,因为各种因素的干扰,当事人违约的情况并不少见,当事人违约也并不一定代表合同的内容就无法实现,但对于违约责任的赔偿数额问题就应该在合同订立时明确约定,方便违约方在事后进行赔偿。最后,在争议解决方式上,仲裁和诉讼只能二选其一,如果同时约定仲裁和诉讼的,仲裁协议无效,当事人只能通过诉讼途径解决。因此如果当事人只想以仲裁方式进行解决的,就应该在合同约定时注意用语的准确性,如果约定法院管辖的,就不要与规定的专属管辖和级别管辖发生冲突。

(三)企业合同的效力审查

在合同订立过程中,除了要审查合同的内容是否完备外,还要审查合同的内容是否符合法律或行政法规的规定。根据《民法典》143条的规定,合同的有效要件包括:行为人具有相应的民事行为能力;意思表示真实;不违反法律、行政法规的强制性规定,不违背公序良俗。但除了通用的要求之外,对于企业合同而言,法律对部分内容还是作了进一步的限制,其中最具代表性是企业间的借贷合同。企业间借贷合同是指以金融机构以外的法人或非法人组织为主体,由一方当事人向另一方给付一定货币,并要求对方在约定时间内归还本金或利息的合同。[①] 从当事人意思自治的角度考量,法律似乎不应对企业合同作过多的限制,但在司法实践中,为了维护社会的整体利益,最高人民法院在《关于审理民间借贷案件适用法律若干问题的规定》第13条中对企业借贷合同进行了限制。之所以要对企业的借贷行为进行限制,其主要原因在于民间借贷行为的不规范性和不可控性,不仅增加了社会的不稳定因素,还妨碍了国家对金融市场的宏观管理,因此国家对企业

---

① 参见龙翼飞、杨建文:《企业间借贷合同的效力认定及责任承担》,《现代法学》2008年第2期。

间借贷合同进行限制是存在合理性的。① 由此也可以发现,对于企业合同效力的审查不但要考虑行为人是否具有民事行为能力、意思表示是否真实等要素,还要根据合同的具体类型通过相应的法律或行政法规来判断合同的效力,以免合同目的无法实现。

三、合同成立实务中常见问题

合同成立是指合同当事人就合同的条款协商达成一致,作为当事人意思自治的重要体现,合同的成立与否将关系到当事人的权利义务是否要发生变动,并最终对当事人的交易安全和利益造成严重影响。尽管《民法典》对合同的订立作了详细的规定,但仍有一些概念需要更加深入的探讨。

(一)合同成立与合同生效

要区分合同成立与合同生效的关系。合同成立是合同生效的前提,但合同成立也未必导致合同生效。根据《民法典》502条第1款的规定:"依法成立的合同,自成立时生效,但是法律另有规定或者当事人另有约定的除外。"可见,合同生效不仅需要合同成立作为前提,还要不存在"法律另有规定或者当事人另有约定"的情况。而之所以会产生这种区别,其原因在于合同成立是指合同订立过程完成,即合同主体对合同的主要条款在表明上达成意思的一致,而合同生效是让成立的合同具有因法律所赋予的约束力而产生的效力,因此合同生效要考察合同主体、合同内容等方面的合法性,只有在符合法律的情况下,成立的合同才能在法律层面产生效力,否则合同可能会处于无效、可撤销或效力待定等情况。

(二)电子合同成立的时间

根据《民法典》490条第1款的规定:"当事人采用合同书形式订立合同的,自当事人均签名、盖章或者按指印时合同成立。在签名、盖章或者按指印之前,当事人一方已经履行主要义务,对方接受时,该合同成立。"可见在一般的书面合同中,合同成立的时间为次序最后的当事人签名、盖章或者按指印之时,这是双方当事人意思表示达成一致的证明。但在电子商务时代,学界对于电子合同成立时间的态度并不一致,有的学者认为网络购买链接

---

① 参见赵莹:《我国企业间借贷的法律保障机制探讨》,载《东北大学学报(社会科学版)》2014年第3期。

为要约邀请,用户提交订单的行为才是要约,合同的成立始于网络平台的发货;[①]也有的学者认为网络购买链接为要约,当用户提交订单时合同就已经成立。[②]《电子商务法》第 49 条规定:"电子商务经营者发布的商品或者服务信息符合要约条件的,用户选择该商品或者服务并提交订单成功,合同成立。当事人另有约定的,从其约定。电子商务经营者不得以格式条款等方式约定消费者支付价款后合同不成立;格式条款等含有该内容的,其内容无效。"在电子合同,尤其是网购合同中,如果网络链接所包含的合同内容是具体明确的,即在网络链接中明确标明商品的名称、数量、质量、规格、价格、运费等关键信息,并且可以推定网络卖家愿意接受网络链接的约束,那么就可以将网络链接认定为是要约而非要约邀请,当事人通过链接下单时就意味着合同已经成立。[③]

(三)电子合同订立地

对于电子合同订立的立法,主要集中在《民法典》《电子签名法》和《电子商务法》这三部法律当中,尽管这三部法律的出台为电子合同的订立提供保障,但由于我国在电子商务上的立法技术还不完善,因此在实际运用中也存在着一些问题。例如《民法典》第 492 条规定:"采用数据电文形式订立合同的,收件人的主营业地为合同成立的地点;没有主营业地的,其住所地为合同成立的地点。当事人另有约定的,按照其约定。"根据该项条文可以得出,在一般情况下,电子合同成立地点为收件人的主营业地和经常住所地,如果合同中有对合同成立地进行约定的,则按照约定的内容来确定。但在实务操作过程中,不少法院却作出了另一种判断。在"广东京邦达供应链科技有限公司与何炳辉电子合同管辖纠纷案"中,法院认为虽然当事人双方约定的管辖法院为合同签订地的人民法院,但该合同系电子合同,现双方住所地、合同履行地等均不在合同签订地中,亦无证据证明合同签订地与案涉争议有实际联系,因此法院认为当事人对合同签订地的约定无效。[④] 同理在"西

---

① 参见朱国华、樊新红:《论网络购物合同的成立》,载《安徽师范大学学报(人文社会科学版)》2017 年第 1 期。

② 参见魏亮:《网购合同成立时间:实证考察、现行立法及应然立场》,载《社会科学》2018 年第 12 期。

③ 参见石冠彬:《论民法典网购合同成立时间规则的适用》,载《东方法学》2022 年第 3 期。

④ 北京市第二中级人民法院(2023)京 02 民终 6170 号民事裁定书。

安便易换信息科技有限公司与福建宁德惠智无限科技有限公司等合同纠纷案"中,法院同样认为尽管在合同中有对合同签订地进行明确约定,但该合同是电子合同,本案各方当事人的住所地均不在合同签订地当中,为维护正常的诉讼管辖秩序,防止异地案件通过任意约定方式进入无联结点法院审理,因此法院认为当事人对合同签订地的约定无效。[①] 根据上述两个案例可以得出,法院在电子合同的订立问题上对当事人的意思自治持保守态度,对于签订地的选择往往更倾向于要与案件争议有实际联系,在法理依据上与联合国《电子商务示范法》中的"最密切原则"相类似。

综上所述,要判断合同是否成立,关键在于双方当事人是否表达出接受合同约束的意思表示,且该意思表示是否在合同订立的过程中清晰地表达出来,这是私法自治在合同订立过程中的重要体现。[②] 如果当事人之间满足上述条件的话,那么应当认定合同成立。

(四)格式条款中的格式之争

根据《民法典》第 496 条第 1 款的规定可以得出,格式条款"是当事人为了重复使用而预先拟定,并在订立合同时未与对方协商的条款",在实务操作过程中具有节约交易时间、降低经营成本和提前分配风险等优点。但随着格式条款在订立过程中被广泛采用,对于格式条款的法律规制也成为目前司法实践普遍面临的难题。一方面,对于格式条款本身而言,在法律规定上就存在一定的漏洞。在《民法典》第 496 条第 2 款的规定中,提供格式条款的一方在出现与对方有重大利害关系时,应对方的要求负有说明的义务。其中的问题在于提供者的说明义务在配置上出现了偏颇,格式条款使用者的说明义务以对方当事人提出要求作为前提,这种规定不当减轻了使用者应有的义务。[③] 如果出现限制条款的内容过于复杂的情况,尽管使用人以合适的方式提醒对方注意,但合同相对方对该项条款仍然难以理解,那么这种"以对方当事人提出要求"的做法无疑是过于被动了,不利于对合同相对方的保护。

另一方面,在商业合同中,法律对于格式条款的态度又不一样了。因为商业合同的主体均为商人,都具有相当的经营经验及知识,有足够的注意能

---

① 上海市闵行区人民法院(2023)沪 0112 民初 43167 号民事裁定书。
② 参见刘贵祥:《关于合同成立的几个问题》,载《法律适用》2022 年第 4 期。
③ 参见张良:《我国民法典合同法编格式条款立法研究》,载《四川大学学报(哲学社会科学版)》2019 年第 1 期。

力和交涉能力,无须立法政策向任何一方倾斜。[1] 在实务中,最为常见的冲突情况就是缔约当事人向另一方提交格式合同,另一方则根据自身的需要对格式条款进行修改,并将修改之后的格式合同传回,而要约人在收到合同后,未作任何反对而直接向对方履行合同,后因履行环境发生变化,双方当事人就两份合同中的不同内容产生争议。[2] 我国对该问题的解决可以从《民法典》第 488 条、第 489 条中窥探一二。根据这两个条款可以得出,我们国家采用的是"最后一击"原则,即"受要约人对要约的内容作出实质性变更的,为新要约"。如果对方当事人对该份要约内容没有争议且继续履行,那么视为对新要约的默认,因此在产生纠纷的时候以新要约的内容为准。但是这种做法在实践过程中存在着诸多缺陷,最为典型的就是缔约阶段的无限拖延,毕竟只有最后一个要约的内容才会得到认可,结果就会导致不是哪方的合同更加合理才被采纳,而是以哪方的时间不容拖延而被采纳,这无疑是与缔约阶段的公平原则相背离的。因此,对于企业之间格式合同冲突问题,可以采用剔除规则对该问题进行规制。所谓剔除规则是指本着诚实信用原则,双方缔约的真实意图是他们明确同意的部分,该部分就是格式合同最终成立的内容,而对于双方意见不一且沉默表示的部分则是双方不同意的部分,对于该部分内容应当被剔除。[3] 剔除规则的优势在于能平衡双方当事人的地位,让当事人的真意得到真正的体现,减少意外因素所带来的风险,因此,尽管该规定同样存在着诸多问题,但仍然在实务中得到越来越多的支持。

四、合同订立的风险防范

合同的订立是一个动态的过程,从合同相对人的选择直至最终签订合同的始末,可以说合同的订立是合同生效的前提,同时也是缔约人权利义务的具体体现,通过对双方权利义务的约定来确保合同内容能够顺利履行,进而使得合同的最终目的能够得到实现。[4] 而合同订立的风险多发生在合同的缔约阶段,作为合同的业务的开始,如果不对该风险进行有效管控将会严

---

① 参见崔建远:《合同法》,法律出版社 2022 年版,第 43 页。

② 参见朱广新:《论合同订立过程中的格式之战问题》,载《法学》2014 年第 7 期。

③ 参见崔建远:《合同法》,法律出版社 2022 年版,第 45 页。

④ 参见陈晓峰、陈明吴:《企业合同管理》,法律出版社 2009 年版,第 6 页。

重阻碍合同内容的后续履行,最后导致合同的目的无法实现。因此需要在合同订立之初就制定一系列的风险防范机制,从而降低合同风险发生的概率,确保合同内容能得到顺利履行。

（一）合同订立过程中常见的法律风险

1.劳动合同中可能出现的风险

在现代社会中,随着社会经济的不断发展,企业对于劳动力的需求也越来越大,对于劳资双方纠纷的解决也逐渐成为当下亟须解决的问题之一。因此,国家于2008年出台了《中华人民共和国劳动合同法》,采用固定期限合同的方式可以提高员工的稳定就业,缓解劳资矛盾,进而促进社会的和谐与稳定。但与此同时,固定期限合同的出现也会增加企业的用工风险。对于企业而言,由于信息的不对称,企业在招聘员工时仅凭面试这一环节往往不能完全了解员工的真实水平,如果在签订较长期限的劳动合同后,发现员工的水平与预期的不一致,但又不能随时解除合同,劳动力资源的浪费无疑会加大企业所承担的风险,不利于企业的长远发展。[1] 而且在现代社会中,对于劳动者的招聘已经不再是企业的单项选择,而是企业与劳动者之间的双向奔赴,劳动者在招聘过程中也有一定自主权,也可能出现劳动者主动拒绝订立劳动合同的情况。在这种情况下,如果企业缺少劳动者拒不签订合同的证据,那么同样要对不签订劳动合同这一情况承担法律责任。此外,在经营过程中可能会涉及商业秘密的保护,如果企业在合同订立过程中没有对相关内容作出禁止性的规定,可能会导致企业内部的商业秘密出现外泄的风险,进而对企业的发展造成严重的阻碍。

2.保险合同订立过程中可能出现的风险

保险合同作为格式条款运用最为典型的合同类型,在订立过程中同样存在诸多风险。一方面是免除保险人责任的条款难以认定。在实务中,除了会在保险条款中专门设立免除条款外,也有可能将大量"隐形免责条款"埋藏于其他章节中。这种散落于合同各章的免责事由,不具有专业知识的投保人往往难以察觉,因其事由具有减轻自身责任的效力,所以可能会给当事人带来难以预料的风险。在实践中通常表现为要求投保人和被投保人额外作出更多的保证和承诺,一旦投保人和被保险人违反其所作出的承诺或

---

[1] 参见崔晓丽、孙绍荣:《劳动合同法下企业制度差异对员工的分流机理及企业签订合同的临界值研究》,载《管理评论》2010年第4期。

保证,那么保险人就有理由拒赔或减轻理赔数额。[①] 例如,保险公司要求投保人在发生水灾后在一段时间内必须通知保险公司,如果超过了规定的时间,保险公司可以减少理赔的数额。虽然投保人确实有及时通知保险人的义务,但是如果不考虑其他情况,一律按照这种强制要求办事,无疑是增加了投保人的义务,扩大了保险人的免责范围。另一方面,对于保险人而言也要注意防范在保险过程中可能发生的道德风险。在现代社会,部分不法分子出于恶意骗保的目的,谎报案情,虚造损失,或是人为制造保险事故,以此来骗取巨额保险金,使得保险公司遭受巨大损失。之所以现在骗保的现象屡见不鲜,主要是因为保险人和保险标的在空间上存在分离,往往在事故发生一段时间后,保险人才会赶到现场,对于事故的勘探只能通过当事人口述来进行,其真实性无疑是任由当事人拿捏的。而且,对于投保人,其在骗保过程中获得的金额要远远超过其投保的金额,这种低成本高收益的方式无疑会给投保人创造动力。

3.预约合同中存在的风险

根据《民法典》第495条第1款的规定,预约合同是指当事人约定在将来一定期限内订立合同的认购书、订购书、预订书等等。而本约就是为履行该预约而订立的合同。尽管法律已经对两者的概念作了明确的界定,但因为现实生活的复杂性,对于两者的区分就会变得非常困难,而这也为企业的正常经营增添了很多不必要的风险,例如在"疑约从本"的解释背景下,如果企业在看到"认购书""预订书"等字样就轻信该合同为预约合同,而忽视内容的规定,那么就容易背负上更为严重的违约责任,迫使企业履行其所不愿意的合同,这无疑是不利于企业的健康发展。

4.法定代表人越权行为的商业风险

公司为他人债务提供担保一直是金融市场开展融资活动的重要增信依据,对于促进社会资金流动发挥着重要作用,但其本身也伴随着直接减少公司流动资金、危及公司股东或其他债权人利益的风险,而在其中最为常见的就是法定代表人越权担保的问题。[②] 根据《民法典》第61条、第504条和《公司法》第 11 条的规定,对于法定代表人超越权限订立的担保合同,如果相对人是善意的,那么就构成表见代表,担保合同会对公司产生效力。质言之,相对人是否知道或应当知道法定代表人超越权限就将决定着担保合同是否会对公司产生效力。在司法实践中,一方面是出于相对人获取信息的有限性和对法定代表人唯一性和法定性的信赖,另一方面则是出于交易安全和效率的考量,相对人一般仅须核实法定代表人的身份是否真实即可,无须核实法定代表人的业务范围。[①] 如果相对人对合同的形式要件进行了核实,那么就应该认定相对人为善意,公司应当履行这份担保合同,这就使得法定代表人的越权担保行为给公司的正常运营带来了更多风险。

(二)常见法律风险的防范与规避

1.劳动合同中的风险防范措施

企业合同的订立在实务中最为常见的形式就是劳动合同。在法律上对劳动合同的订立要求众多,例如《劳动法》第 19 条和《劳动合同法》第 10 条,但万变不离其宗的是劳动合同的订立必须是书面形式,这是法律对其规定的第一要义。劳动合同的订立形式之所以是书面形式,是因为书面形式的劳动合同能更好地保护劳动者的利益,并且方便劳动行政监察部门对劳动合同的内容进行监管。一方面,如果劳动者的权利被用人单位的不当行为所侵害时,有一份书面的劳动合同能更有效地帮助劳动者对相关问题进行举证,从而更有利于劳动者进行维权。尤其是在劳动者失业时,可借由该书面合同要求用人单位向其出具解除或终止劳动关系的说明,以便劳动者能及时领取失业保险金。[②] 另一方面,书面合同上的白纸黑字也有利于劳动行政监察部门的监督,如果在合同中出现违背劳动基本法的内容时,监察部门可以责令企业进行修改并处以相应的惩罚措施,从而实现对劳动关系的有效监管。很显然,这种强制签订书面劳动合同的条款对于保护"劳动者"这一劳动市场弱势方的权益具有保障作用,[③]能够在一定程度上避免用人单位利用其优势地位逼迫劳动者签订不公平合同,进而更好地维护劳动者

---

① 参见迟颖:《法定代表人越权行为的效力与责任承担——〈民法典〉第 61 条第 2、3 款解释论》,载《清华法学》2021 年第 4 期。

② 参见王立明、韩牧容:《试析我国劳动合同形式的立法模式及相关问题》,载《青海民族大学学报(社会科学版)》2011 年第 2 期。

③ 参见姚裕群、陆学彬:《中小企业劳动者签订书面劳动合同的影响因素研究》,载《东岳论丛》2010 年第 8 期。

的利益,且方便了政府监督部门的介入。

对于企业而言,加强企业内部劳动合同订立管理,不仅要树立法律意识和法治思维,制订出符合自身情况发展情况和法律规定的招聘模式,还要要求管理层形成统筹兼顾的问题思考方式,从人才招聘开始,到合同签订、执行和结束,进行全过程梳理,分析每一个环节可能存在的全部风险,并制订出详细的应对措施和风险预防手段。如果出现在合同订立之时未曾设想的问题,可以对其进行及时的解决,进而避免资源的浪费。① 并且,当劳动者拒不签订劳动合同时,企业应当针对该情况保留相应的证据,避免出现劳动者滥用《劳动合同法》第 82 条的情况。② 在企业经营过程中,员工可能会接触商业秘密的,企业应当尽早在劳动合同中约定当事人保守企业商业秘密的相关事项,以此来降低员工泄密的风险。

对于劳动行政部门而言,要加强检查监察执法的力度,通过定期深入企业巡查和对书面劳动合同抽查等方式,监督和检查用工企业与劳动者的劳动合同订立情况,确保劳动者在合同订立之初就有足够的自主权和选择权,让劳动者的权益能通过合同的方式确定下来,从而真正实现对劳动权益的保护。③ 此外,当劳动合同出现问题时,也可以让工会组织介入。相较于普通劳动者,工会成员的法律意识和斗争经验无疑更加丰富,让工会成员代表劳动者参与谈判和协商,对劳动者权益的维护是更有利的。

2.保险合同订立过程中的风险防范

当保险人将各种"隐形免责条款"埋藏于其他章节中,意图减轻其承担的责任时,监管部门应该出台相应的政策,要求保险人将该部分内容纳入其说明义务中去。对于免责条款的判断不能仅仅停留于形式审查方面,还应该从实质上去判断该条款是否具有免责效力,如果该条款确实能起到减轻保险人责任的效果,那么保险人就应该对其进行说明,否则该条款对于投保人的效力就应该减弱。与此相对应的是,对于投保人而言也应该要更加关注保险合同中各个章节中的内容,以免因为疏忽而带来不必要的损失。此

① 参见段凯:《劳动合同的多维管理》,载《企业管理》2016 年第 12 期。

② 《劳动合同法》第八十二条　用人单位自用工之日起超过一个月不满一年未与劳动者订立书面劳动合同的,应当向劳动者每月支付二倍的工资。用人单位违反本法规定不与劳动者订立无固定期限劳动合同的,自应当订立无固定期限劳动合同之日起向劳动者每月支付二倍的工资。

③ 参见李伶俐:《如何提高农民工劳动合同签订率》,载《人民论坛》2017 年第 20 期。

外,当出现投保人恶意骗保时,除了要在事后进行严厉的处罚外,也可以在事先对该类行为进行预防。首先从制度完善的角度出发,保险人在制订规定时就应该预料到这类情况的发生,并在制度上对其进行预防,例如当保险事故发生时要及时出动专员勘探现场,减少骗保人造假的时间。而在公司内部,既要大力提高员工的职业素养,培养其独立思考的能力,又要搞好内部审计和监督工作,加大监督力度,防止企业内部与外界人员互相勾结的情况发生。其次,保险企业也应该保障被保险人的知情权,如实告知被保险人相关的保险内容,能在一定程度减少骗保的概率,尤其是在投保人代理被保险人签字的场合。最后,要加强教育宣传,增强民众的诚信意识和法治意识,让民众能完全理解骗保的后果,以此达到警示的目的。

3.对预约合同的风险防范

当企业因为分不清本约和预约的区别而承担不必要的风险时,企业可以采取相应的措施去减少该类现象的发生。首先,从内容完整性的角度出发。当事人之所以要成立预约合同而不是直接订立本约,主要是因为合同中存在一些尚未确定的事项,通常情况下预约合同的条款往往不完整、不充分,仍有部分条款尚未在合同中确定,两者在条款完整性上可以做出区分。[①] 其次,从立法目的的角度出发。在实践中,当然也会存在预约合同完整充分但本约合同却很简单的情况,因此对于两者的判断也可以从立法目的上进行区分,观察合同中是否有设定具体法律关系的意图,毕竟预约合同设立的目的在于提醒当事人尽早成立本约,而不是要求当事人订立某个具体合同。一般来说,合同名称含有"认购、预约、订购"等字眼时,可以推定当事人的本意为订立预约,但如果合约中有规定,双方当事人愿意进一步根据此合约成立具体的法律关系,那么即使名称中含有"认购、预约、订购"等字眼,也应该将其认定为是本约而不是预约。[②] 最后,从违反合同的责任后果角度出发。在预约合同中一般不会出现关于违反本约合同的责任约定,其违约责任是根据合同具体内容而产生的继续履行或赔偿损失等义务,而本约合同通常都要明确约定违反该合同所要承担的责任,这也是当事人愿意

---

① 参见刘承韪:《预约合同层次论》,载《法学论坛》2013 年第 6 期。

② 参见王瑞玲:《预约、本约区分和衔接的主观解释论——兼对客观解释论商榷》,载《政治与法律》2016 年第 10 期。

接受其意思表示拘束的具体体现。[1] 综上所述,当企业收到一份商业合同时,可以从这几个方面入手,检查这份合同的具体属性,以免出现本约和预约情况弄混的局面,进而避免不必要的风险产生。

4.对法定代表人越权行为的风险防范

要想建立起对法定代表人越权行为的风险防范,首先可以引入英美法系的"正常生意规则"。"正常生意规则"是指法定代表人有权对公司的一般日常经营项目签字,但超出范围的属于非正常交易,法定代表人无权签署。[2] 在越权担保中使用这项规则的好处在于能明确法定代表人的权力范围,将法定代表人从非日常事项中剥离,可以减少法定代表人对外滥用职权的可能,进而实现对法定代表人的监督和限制。质言之,在公司间大数额的担保合同中,如果仅凭法定代表人的外观是无法证明是公司真实的意思表示,相对人有必要提出证据证明其尽到了合理的注意和审查义务,否则就不能将相对人认定为是善意,这无疑是降低了公司被越权担保的风险。其次可以细化相对人的一般审查标准。新《公司法》第 15 条规定:"公司向其他企业投资或者为他人提供担保,按照公司章程的规定,由董事会或者股东会决议。"因为有法律的明文规定,相对人因而会被赋予更高要求的注意义务。在订立担保合同的过程中,相对人应当知晓公司担保需要股东会或董事会的同意,不能仅审查法定代表人的权利外观就认为其尽到了的注意义务,而是要对公司的相关决议进行合理审查,以此来证明该份担保合同确实代表公司的真实意志。最后,如果相对人在越权行为中是非善意的,那么公司就担保合同的无效而言,不承担相应的缔约过失责任。因为缔约过失责任源于缔约行为,公司在缔约过程中缺乏与相对人缔约的意思表示,并非合同的缔约方,如果让不知情的公司和股东为法定代表人的过错行为而买单无疑是不符合民法的公平原则。[3] 因此,在法定代表人的越权担保合同中,相对人在非善意或缺乏合理审查的情况下仍要与法定代表人签订合同,属于相对人自甘风险的行为,公司不必为此承担相应的缔约过失责任。

---

① 参见王利明:《预约合同若干问题研究——我国司法解释相关规定述评》,载《法商研究》2014 年第 1 期。

② 参见朱锦清:《公司法学》,清华大学出版社 2019 年版,第 253 页。

③ 参见刘俊海:《公司法定代表人越权签署的担保合同效力规则的反思与重构》,载《中国法学》2020 年第 5 期。

典型案例分析

基本案情

才某先后两次向中信信托有限责任公司（以下简称中信信托）汇款777.7万元购买信托产品，汇款摘要载明购买某信托产品。因证券市场大幅下跌，信托产品被全部平仓清算，才某分得信托财产利益383万余元。才某以信托合同和客户调查问卷并非其本人签署、信托合同不成立、信托公司违反适当性义务为由诉至法院，要求中信信托赔偿损失。中信信托主张信托合同成立，并以才某拥有多个证券账户，存在证券买卖、融资融券的投资经验为由主张免除适当性义务。

案例评析

本案主要争议点如下：1.才某与中信信托有限责任公司是否存在信托合同？2.中信信托公司是否要对才某的投资损失承担赔偿责任？

根据《信托法》第8条第1款的规定："设立信托，应当采取书面形式。"可见，如果当事人之间并没有书面形式的信托合同，按照《信托法》的规定，当事人之间的信托合同应当被认定为是不成立。但根据《民法典》第490条第2款的规定："法律、行政法规规定或者当事人约定合同应当采用书面形式订立，当事人未采用书面形式但一方已经履行主要义务，对方接受的，该合同成立。"在本案中，当事人双方虽未签订书面合同，但才某已经通过转账支付购买信托产品的款项，信托公司亦已经接受，按照《民法典》的规定，当事人之间的信托合同应当是成立的。从促进商业贸易和减少诈骗的角度出发，维持合同成立显然更符合当事人和社会的利益，这也是准确衔接适用信托法与合同法的重要体现。

金融产品是具有风险属性的，金融消费者在投资时面临着信息不对称、风险承受能力有限和金融专业知识不足等问题，这就要求金融机构在兜售金融产品时应当充分揭示金融产品的风险，准确评估消费者的抗风险能力和投资能力，以此来保障消费者在投资金融产品时，其利益不会受到过分损害。在本案中，才某虽然支付了购买信托产品的价款，但信托合同上的签名并非才某本人亲自去签，可见信托公司的通知和管理义务存在缺失。对于信托公司不规范的销售行为，应当由其承担本案的不利后果，以此来督促金融机构切实履行应尽义务，并保障消费者的利益不受侵害。

相关法律规则

中华人民共和国民法典

第四百六十九条　当事人订立合同,可以采用书面形式、口头形式或者其他形式。

书面形式是合同书、信件、电报、电传、传真等可以有形地表现所载内容的形式。

以电子数据交换、电子邮件等方式能够有形地表现所载内容,并可以随时调取查用的数据电文,视为书面形式。

第四百七十条　合同的内容由当事人约定,一般包括下列条款:

(一)当事人的姓名或者名称和住所;

(二)标的;

(三)数量;

(四)质量;

(五)价款或者报酬;

(六)履行期限、地点和方式;

(七)违约责任;

(八)解决争议的方法。

当事人可以参照各类合同的示范文本订立合同。

第四百七十一条　当事人订立合同,可以采取要约、承诺方式或者其他方式。

第四百七十二条　要约是希望与他人订立合同的意思表示,该意思表示应当符合下列条件:

(一)内容具体确定;

(二)表明经受要约人承诺,要约人即受该意思表示约束。

第四百七十三条　要约邀请是希望他人向自己发出要约的表示。拍卖公告、招标公告、招股说明书、债券募集办法、基金招募说明书、商业广告和宣传、寄送的价目表等为要约邀请。

商业广告和宣传的内容符合要约条件的,构成要约。

第四百七十四条　要约生效的时间适用本法第一百三十七条的规定。

第四百七十五条 要约可以撤回。要约的撤回适用本法第一百四十一条的规定。

第四百七十六条 要约可以撤销,但是有下列情形之一的除外:

(一)要约人以确定承诺期限或者其他形式明示要约不可撤销;

(二)受要约人有理由认为要约是不可撤销的,并已经为履行合同做了合理准备工作。

第四百七十七条 撤销要约的意思表示以对话方式作出的,该意思表示的内容应当在受要约人作出承诺之前为受要约人所知道;撤销要约的意思表示以非对话方式作出的,应当在受要约人作出承诺之前到达受要约人。

第四百七十八条 有下列情形之一的,要约失效:

(一)要约被拒绝;

(二)要约被依法撤销;

(三)承诺期限届满,受要约人未作出承诺;

(四)受要约人对要约的内容作出实质性变更。

第四百七十九条 承诺是受要约人同意要约的意思表示。

第四百八十条 承诺应当以通知的方式作出;但是,根据交易习惯或者要约表明可以通过行为作出承诺的除外。

第四百八十一条 承诺应当在要约确定的期限内到达要约人。

要约没有确定承诺期限的,承诺应当依照下列规定到达:

(一)要约以对话方式作出的,应当及时作出承诺;

(二)要约以非对话方式作出的,承诺应当在合理期限内到达。

第四百八十二条 要约以信件或者电报作出的,承诺期限自信件载明的日期或者电报交发之日开始计算。信件未载明日期的,自投寄该信件的邮戳日期开始计算。要约以电话、传真、电子邮件等快速通讯方式作出的,承诺期限自要约到达受要约人时开始计算。

第四百八十三条 承诺生效时合同成立,但是法律另有规定或者当事人另有约定的除外。

第四百八十四条 以通知方式作出的承诺,生效的时间适用本法第一百三十七条的规定。

承诺不需要通知的,根据交易习惯或者要约的要求作出承诺的行为时生效。

第四百八十五条 承诺可以撤回。承诺的撤回适用本法第一百四十一条的规定。

第四百八十六条　受要约人超过承诺期限发出承诺,或者在承诺期限内发出承诺,按照通常情形不能及时到达要约人的,为新要约;但是,要约人及时通知受要约人该承诺有效的除外。

第四百八十七条　受要约人在承诺期限内发出承诺,按照通常情形能够及时到达要约人,但是因其他原因致使承诺到达要约人时超过承诺期限的,除要约人及时通知受要约人因承诺超过期限不接受该承诺外,该承诺有效。

第四百八十八条　承诺的内容应当与要约的内容一致。受要约人对要约的内容作出实质性变更的,为新要约。有关合同标的、数量、质量、价款或者报酬、履行期限、履行地点和方式、违约责任和解决争议方法等的变更,是对要约内容的实质性变更。

第四百八十九条　承诺对要约的内容作出非实质性变更的,除要约人及时表示反对或者要约表明承诺不得对要约的内容作出任何变更外,该承诺有效,合同的内容以承诺的内容为准。

第四百九十条　当事人采用合同书形式订立合同的,自当事人均签名、盖章或者按指印时合同成立。在签名、盖章或者按指印之前,当事人一方已经履行主要义务,对方接受时,该合同成立。

法律、行政法规规定或者当事人约定合同应当采用书面形式订立,当事人未采用书面形式但是一方已经履行主要义务,对方接受时,该合同成立。

第四百九十一条　当事人采用信件、数据电文等形式订立合同要求签订确认书的,签订确认书时合同成立。

当事人一方通过互联网等信息网络发布的商品或者服务信息符合要约条件的,对方选择该商品或者服务并提交订单成功时合同成立,但是当事人另有约定的除外。

第四百九十二条　承诺生效的地点为合同成立的地点。

采用数据电文形式订立合同的,收件人的主营业地为合同成立的地点;没有主营业地的,其住所地为合同成立的地点。当事人另有约定的,按照其约定。

第四百九十三条　当事人采用合同书形式订立合同的,最后签名、盖章或者按指印的地点为合同成立的地点,但是当事人另有约定的除外。

第四百九十四条　国家根据抢险救灾、疫情防控或者其他需要下达国家订货任务、指令性任务的,有关民事主体之间应当依照有关法律、行政法规规定的权利和义务订立合同。

依照法律、行政法规的规定负有发出要约义务的当事人,应当及时发出合理的要约。

依照法律、行政法规的规定负有作出承诺义务的当事人,不得拒绝对方合理的订立合同要求。

第四百九十五条 当事人约定在将来一定期限内订立合同的认购书、订购书、预订书等,构成预约合同。

当事人一方不履行预约合同约定的订立合同义务的,对方可以请求其承担预约合同的违约责任。

第四百九十六条 格式条款是当事人为了重复使用而预先拟定,并在订立合同时未与对方协商的条款。

采用格式条款订立合同的,提供格式条款的一方应当遵循公平原则确定当事人之间的权利和义务,并采取合理的方式提示对方注意免除或者减轻其责任等与对方有重大利害关系的条款,按照对方的要求,对该条款予以说明。提供格式条款的一方未履行提示或者说明义务,致使对方没有注意或者理解与其有重大利害关系的条款的,对方可以主张该条款不成为合同的内容。

第四百九十七条 有下列情形之一的,该格式条款无效:

(一)具有本法第一编第六章第三节和本法第五百零六条规定的无效情形;

(二)提供格式条款一方不合理地免除或者减轻其责任、加重对方责任、限制对方主要权利;

(三)提供格式条款一方排除对方主要权利。

第四百九十八条 对格式条款的理解发生争议的,应当按照通常理解予以解释。对格式条款有两种以上解释的,应当作出不利于提供格式条款一方的解释。格式条款和非格式条款不一致的,应当采用非格式条款。

第四百九十九条 悬赏人以公开方式声明对完成特定行为的人支付报酬的,完成该行为的人可以请求其支付。

第五百条 当事人在订立合同过程中有下列情形之一,造成对方损失的,应当承担赔偿责任:

(一)假借订立合同,恶意进行磋商;

（二）故意隐瞒与订立合同有关的重要事实或者提供虚假情况；

（三）有其他违背诚信原则的行为。

第五百零一条　当事人在订立合同过程中知悉的商业秘密或者其他应当保密的信息，无论合同是否成立，不得泄露或者不正当地使用；泄露、不正当地使用该商业秘密或者信息，造成对方损失的，应当承担赔偿责任。

中华人民共和国电子商务法

第四十九条　电子商务经营者发布的商品或者服务信息符合要约条件的，用户选择该商品或者服务并提交订单成功，合同成立。当事人另有约定的，从其约定。

电子商务经营者不得以格式条款等方式约定消费者支付价款后合同不成立；格式条款等含有该内容的，其内容无效。

中华人民共和国劳动合同法

第十条　建立劳动关系，应当订立书面劳动合同。

已建立劳动关系，未同时订立书面劳动合同的，应当自用工之日起一个月内订立书面劳动合同。

用人单位与劳动者在用工前订立劳动合同的，劳动关系自用工之日起建立。

第八十二条　用人单位自用工之日起超过一个月不满一年未与劳动者订立书面劳动合同的，应当向劳动者每月支付二倍的工资。

用人单位违反本法规定不与劳动者订立无固定期限劳动合同的，自应当订立无固定期限劳动合同之日起向劳动者每月支付二倍的工资。

中华人民共和国劳动法

第十九条　劳动合同应当以书面形式订立，并具备以下条款：

（一）劳动合同期限；

（二）工作内容；

（三）劳动保护和劳动条件；

（四）劳动报酬；

（五）劳动纪律；

（六）劳动合同终止的条件；

（七）违反劳动合同的责任。

劳动合同除前款规定的必备条款外,当事人可以协商约定其他内容。

中华人民共和国公司法

第十一条 法定代表人以公司名义从事的民事活动,其法律后果由公司承受。

公司章程或者股东会对法定代表人职权的限制,不得对抗善意相对人。

法定代表人因执行职务造成他人损害的,由公司承担民事责任。公司承担民事责任后,依照法律或者公司章程的规定,可以向有过错的法定代表人追偿。

第十五条 公司向其他企业投资或者为他人提供担保,按照公司章程的规定,由董事会或者股东会决议;公司章程对投资或者担保的总额及单项投资或者担保的数额有限额规定的,不得超过规定的限额。

公司为公司股东或者实际控制人提供担保的,应当经股东会决议。

前款规定的股东或者受前款规定的实际控制人支配的股东,不得参加前款规定事项的表决。该项表决由出席会议的其他股东所持表决权的过半数通过。

思考题

1.简述要约与承诺在合同订立中的法律效力,并举例说明如何通过要约与承诺确保合同成立。

2.分析电子合同在成立时间和地点认定上的特殊性,并讨论这些特殊性对合同管理的挑战及应对策略。

3.探讨企业在合同订立中应建立的风险防范机制,并结合法律规定分析这些机制如何保障合同履行。

客观题扫码自测

第五章　企业合同履行管理

企业合同是企业法人之间或企业法人与公民或其他社会组织之间，为实现一定的经济目的，明确权利义务关系的协议。与一般民事合同不同的是，企业合同的主体主要是具有法人资格的企业单位。企业合同类型不仅涵盖了企业内部的合同，如公司与高管、员工、劳务派遣人员签订的《劳动合同》《劳务合同》《劳务派遣合同》，还包括企业在正常经营活动中与各种合作方签订的不同类型的经济类合同，如《买卖合同》《房屋租赁合同》《加工定做合同》等。

企业合同履行管理是企业合同管理中的重要环节，涉及合同从签订到完成的所有执行活动，并贯穿整个合同履行期间。它要求企业建立有效的管理机制，确保合同按照约定的条款和条件进行，并及时处理合同履行过程中出现的问题和争议。通过加强企业合同履行管理，企业可以提高合同履行的效率和质量，维护自身的合法权益。企业合同履行管理大致包括：合同履行的启动与跟进、沟通与协调、履行监控与风险控制、问题解决与争议处理、履行记录与档案管理等。

第一节　企业合同履行的基本问题

一、企业合同履行的概念

企业合同履行本质上就是一般合同的履行，只不过合同双方当事人为企业。企业合同履行指的是合同双方（或多方）按照合同的约定或法律的规定,全面、适当地完成各自所负义务的行为。这包括了合同债务人按照合同要求全面履行其义务,同时也要求债权人接受合同所约定的权益。

合同履行具体指的是债务人完成合同义务的特定行为。这种特定行为既可以表现为积极的作为,如出卖人交付标的物、买受人支付价款;又可以表现为消极的不作为,如保密义务的履行。只有当事人按照合同的约定或者法律的规定,全面、正确地完成各自承担的义务,才能使合同之债归于消灭,才能发生当事人预期的法律后果。若合同一方或各方均未履行合同规定的义务,则属于合同完全没有履行;若只完成合同规定的部分义务,则属于合同没有完全履行。无论属于上述何种情况,均有悖于合同履行的本质,未完全且适当履行合同义务的当事人应承担相应的法律责任,比如合同违约责任。

二、企业合同履行的原则

在企业合同履行过程中,合同双方应遵循《民法典》等相关法律法规的原则,如全面履行原则、诚信原则、公平原则以及绿色原则等。

全面履行原则又称适当履行原则或正确履行原则,是指当事人按照合同规定的标的及其质量、数量,由适当的主体在适当的履行期限、履行地点,以适当的履行方式,全面完成合同义务的履行原则。[①] 全面履行既要求债务人实际履行,交付标的物或提供服务,也要求这些交付标的物、提供服务的行为符合法律的规定和合同的本旨。

诚实信用原则是民法中的"帝王条款",是合同履行中的基本原则,要求当事人在合同履行过程中恪守诚信,遵循诚实信用的道德标准。在合同履行阶段,基于诚信原则产生了附随义务,要求债务人应根据合同的性质、目的和交易习惯,履行无须当事人约定但依诚信原则必须承担的义务。具体而言,附随义务包括以下内容:(1)通知义务。当事人应将履行合同义务的相关情况及时通知对方,使合同义务得以顺利履行。(2)协助义务。债务人履行合同义务,债权人应适当受领给付或提供必要的协助,共同促进合同的顺利履行。(3)保密义务。一方当事人应对对方的商业秘密、技术秘密以及经营信息等严格保密,不得随意向第三人泄露。(4)防止损失扩大义务。一方当事人违反合同义务给对方造成损失的,对方当事人负有防止损失扩大

---

① 韩松等编著:《合同法学》,武汉大学出版社 2014 年第 2 版,第 93 页。

的义务。当事人应依诚信原则承担相应的附随义务,如若不履行以致给对方造成损害,应当承担相应的损害赔偿责任。

公平原则是民事活动的基本原则之一,也适用于合同的履行。在合同履行过程中,当事人应当遵循公平原则,合理确定各方的权利和义务。当合同内容约定不明确或存在争议时,应以公平原则为依据进行解释和处理。除此之外,公平原则催生了情势变更原则①,情势变更是指合同有效成立后,因不可归责于双方当事人的原因,导致合同的基础条件发生重大变化,使得继续履行合同对一方明显不公平时,允许变更或解除合同的原则。

绿色原则作为《民法典》新确立的基本原则之一,旨在倡导和推动节约资源、保护生态环境,实现可持续发展。绿色原则是指在合同履行过程中,应当避免资源浪费、环境污染和生态破坏。这一原则要求当事人在履行合同时,应充分考虑对环境和资源的影响,采取合理措施减少资源浪费和环境污染,实现经济效益与生态效益的协调发展。比如,当事人在选择合同履行方式时,应优先考虑符合绿色原则的方式。典型的,在物流运输方面,可以选择低碳、环保的运输方式,如使用新能源汽车、优化运输路线等,以减少能源消耗和排放。

三、企业合同履行的保障

根据现行《民法典》及相关司法解释的规定,可知合同履行的保障主要有履行抗辩权和合同保全制度两方面。

请求权是矛,抗辩权是盾,抗辩权的功能在于延缓请求权的行使或使请求权归于消灭,以保障另一方的合法权益。在双务合同中,合同当事人都承担义务,往往一方的权利与另一方的义务之间具有相互依存、互为因果的关系。为了保障双务合同中当事人利益关系的公平,法律对抗辩权作出了规定。合同履行抗辩权是指,在双务合同中一方当事人在符合法定条件下,可以对抗对方当事人的请求权,使得自己的拒绝履行行为不构成违约,从而更好地维护自身的合法权益,具体包括同时履行抗辩权、先履行抗辩权(或顺序履行抗辩权)、不安抗辩权三种。同时履行抗辩权是指,当合同双方互负

---

① 《民法典》第五百三十三条第二款 人民法院或者仲裁机构应当结合案件的实际情况,根据公平原则变更或者解除合同。可知情势变更原则发源于公平原则,两者存在密切联系。

债务,且没有先后履行顺序时,一方在对方履行之前有权拒绝其履行请求,如果一方在对方履行债务不符合约定时,也有权拒绝其相应的履行请求。先履行抗辩权(顺序履行抗辩权)是指,当合同双方互负债务,且有先后履行顺序时,应当先履行债务一方未履行的,后履行一方有权拒绝其履行请求,如果先履行一方履行债务不符合约定的,后履行一方也有权拒绝其相应的履行请求。不安抗辩权是指,应当先履行债务的当事人,有确切证据证明对方存在经营状况严重恶化、转移财产、抽逃资金以逃避债务、丧失商业信誉或丧失、可能丧失履行债务能力的其他情形时,可以对抗对方的履行请求权。

合同的保全是重要的法律制度,旨在保护债权人的权益,防止因债务人财产的不当减少或不增加而给债权人的债权带来损害。合同保全制度是指,法律为防止因债务人财产的不当减少致使债权人债权的实现受到危害,而设置的保全债务人责任财产的法律制度。它具体包括债权人代位权制度和债权人撤销权制度。合同保全制度突破了传统民法的"合同相对性原则",允许债权人向债务人以外的第三人主张权利,从而增强了债权人保护自身权益的能力。然而,合同的保全与民事诉讼中的财产保全不同,后者是程序法所规定的措施,而前者是实体法中的制度。

债权人代位权制度着眼于债务人的消极行为。当债务人有权利行使而不行使,以致影响债权人权利的实现时,法律允许债权人代债务人之位,以自己的名义向第三人行使债务人的权利。债权人撤销权制度着眼于债务人的积极行为。当债务人在不履行其债务的情况下,实施减少其财产而损害债权人债权实现的行为时,法律赋予债权人有诉请法院撤销债务人所为行为的权利。

第二节　企业合同履行的一般流程

企业合同的履行并非"一个人的战斗",而是企业内部各部门按照各自的分工,遵照企业内部合同履行流程完成合同义务的过程。一套科学且高效的企业内部合同履行流程,对于正确履行合同、避免合同履行过程中的法律风险具有重大意义。企业合同履行的一般流程如下。

一、合同履行计划制定

企业应根据合同的性质和内容,制定合理的履行计划,将合同履行过程细分为若干阶段,明确各个阶段的目标,并为每个阶段设定明确的时间节点和关键绩效指标(KPIS)。

在合同履行过程中,识别合同的关键阶段和时间节点是确保合同顺利履行的重要步骤。这些关键阶段和时间节点不仅是合同双方共同关注的焦点,也是合同履行过程中风险管理和监控的核心。

合同的关键阶段和时间节点是指合同中规定的、对合同履行具有重要影响和决定性作用的时间点和事件。这些阶段和节点通常与合同的主要义务、重要里程碑或关键交付物紧密相关。

识别合同关键阶段和时间节点的方法有:结合合同的总体目的和性质,分析哪些阶段和节点对合同的履行具有决定性作用,例如,在一份销售合同中,产品交付和验收可能是关键节点;在一份工程项目合同中,项目开工、阶段性验收和竣工验收可能是关键节点。分析合同履行过程中可能出现的风险和问题,识别出与这些风险和问题相关的关键阶段和节点,例如,在一份长期供货合同中,原材料价格波动、市场需求变化等可能是影响合同履行的重要因素,因此与这些因素相关的阶段和节点需要特别关注。

企业合同履行中常见的关键阶段和时间节点包括但不限于:交付时间节点,即合同中明确约定的交付物品或提供服务的时间点,是合同履行过程中的重要里程碑;付款时间节点,即双方约定的付款时间,对于确保卖方能够按时收到款项,避免延迟导致的纠纷具有重要意义;变更管理节点,即在合同履行过程中,如发生需要变更合同条款的情况,双方应及时就变更内容达成一致,并签署变更协议。

二、调查合同相对方资信

在合同签订前,企业应对合同相对方的资信情况进行深入调查,了解对方的经营能力、财务状况、信誉状况等信息,确保对方具备履行合同的能力。企业应通过查询合作方的信用记录、经营状况、历史履约情况等信息,评估其履约能力。对于存在履约风险的合作方,应提前制定应对措施。

三、合同履行过程监控

企业应建立合同履行过程监控（监督）机制，定期对合同履行情况进行检查和评估，确保合同按照计划进行，借助现代信息技术手段，如 ERP 系统、合同管理系统等，实现合同履行的自动化跟踪和监控。通过系统实时更新合同履行状态，提高跟踪效率，减少人为错误。企业应设立专门的合同履行监督机构，负责监督合同履行情况，及时发现和解决问题；建立有效的进度监控机制，定期跟踪合同的履行情况，确保各项任务按时完成；建立严格的质量管理体系，对合同履行过程中的各个环节进行质量控制。这包括原材料采购、生产过程、产品检验等方面。通过加强质量监管，可以确保合同所约定的产品和服务符合质量标准，提高客户满意度，减少因质量问题引发的纠纷和损失。

四、合同履行的记录与归档

企业应建立完善的合同履行记录与归档制度，对合同履行过程中的重要事项进行记录，并将相关文件归档保存，这有助于企业随时掌握合同履行情况，并为日后的纠纷处理提供依据。

五、严格履行合同义务

在合同履行过程中，企业应严格按照合同约定履行义务，按照约定的时间和方式交付，并且确保所交付的产品或服务质量符合合同要求。在合同履行过程中，如合同相对方需要企业提供支持或协助，企业应积极响应并提供必要的帮助，这有助于增强双方的合作关系，促进合同的顺利履行。

六、合同履行中的沟通协调

合同双方应保持良好的沟通渠道，及时就合同履行过程中的问题进行协商和解决，这有助于消除误解、减少分歧，促进合同的顺利履行。同时，企业还应加强与相关部门的协调配合，确保合同履行所需的资源、支持和配合得到有效保障。另外，要求合同履行方定期提交履行报告，包括进度报告、质量报告、风险报告等，监督团队对报告进行审查和分析。企业应建立信息共享机制，确保监督团队能够及时了解合同履行方的最新动态和变化。

七、合同履行问题与争议的处理

在合同履行过程中,如出现问题或纠纷,企业应积极与对方沟通协商,寻求妥善解决方案,避免影响合同的正常履行。如出现争议或问题,企业应按照合同中约定的争议解决机制进行处理。这可能包括协商、调解、仲裁或诉讼等方式。

八、企业合同约定不明的处理

随着企业法律意识的增强,很多公司在合同磋商和签订阶段就已经聘请法律专业人士对合同法律风险作出评估和防范,尽量对重要细节作出明确详细的约定,但也难免会出现对部分内容未约定或约定不明的情况。在瞬息万变的市场环境中,合同履行需要合同双方或者多方的配合,需要合同当事人根据实际情况及时、恰当地对合同内容作出补充或者修改,或者根据法律规定实现部分条款的补缺。

(一)履行标的的确定

履行标的指的是债务人应给付的内容,是合同目的得以实现的关键。当履行标的为实物时,其应符合当事人约定或法律规定的规格、型号、数量、质量。质量是产品的核心,企业签订合同时对履行标的的质量要求往往都作了详细规定,但偶尔也会因合同双方存在专业不同、了解不足、时间仓促等原因而出现约定不明的情况。如果当事人对标的物的质量要求不明确且无法达成补充协议,可根据《民法典》第511条第1款的规定确定标的物的质量要求。

当履行标的为货币时,当事人应当按照合同约定的支付方式支付价款或报酬。当事人对价款或报酬没有约定或约定不明确的,可根据《民法典》第510条、第511条第2款的内容确定标的物的价款,即价款或者报酬不明确的,按照订立合同时履行地的市场价格履行,依法应当执行政府定价或者政府指导价的,依照规定履行。

(二)履行地点的确定

履行地点是指债务人应为给付义务之场所。合同履行地依当事人约定来确定,而当事人的约定,既可以在合同订立时完成,也可以在合同成立后、债务履行前以补充协议的形式完成。当双方当事人无法对履行地达成一致时,除法律另有特别规定的情况外,应当按照《民法典》第511条第3款的规定,给付货币的,在接受货币一方所在地履行;交付不动产的,在不动产所在地履行;其他标的,在履行义务一方所在地履行。

(三)履行期限的确定

履行期限指债务人履行合同义务和债权人接受履行的时间。合同履行期限,又称为合同的清偿期限,一般推定是为债务人的利益而订立。

合同履行期限通常被设定在合同成立生效后的某一时刻或某段期间。该种期限利益的多少取决于企业为实现各自利益所作的博弈,往往会在合同中予以明确。对于合同中确定的履行期限,企业应当严格遵守,以防因侵害对方期限利益而承担相应的违约责任。对于履行期限约定不明的,根据《民法典》第511条第4款的规定,债务人可以随时履行,债权人也可以随时请求履行,但是应当给对方必要的准备时间。①

债务人逾期履行合同构成履行期限不恰当,而提前履行合同则是对自己期限利益的放弃,按理应予认可。但从《民法典》第530条的规定来看,债务的提前履行应以不损害债权人利益为前提,一旦损害债权人利益,其有权拒绝债务人提前履行的违约行为;因债务提前履行而给债权人增加的费用,应由债务人承担。企业在订立合同时,可以将期限定得灵活一些,从而减少一些麻烦和损失。

(四)履行方式的确定

履行方式是债务人履行债务的方法。合同的履行方式由当事人约定,当事人要求一次性履行的,债务人不得分批履行;当事人要求分批分期履行的,债务人也不得一次性履行。如果合同对此没有约定或约定不明确且无法达成补充协议,应根据《民法典》第511条第5款的规定,按照有利于实现合同目的的方式履行。

(五)履行费用的确定

履行费用是指债务人为履行合同所支出的费用。履行费用的负担由当事人在合同中约定。如果合同对此没有约定或约定不明确且无法达成补充协议,应根据《民法典》第511条第6款的规定,由履行义务一方承担。

九、风险防范

在企业合同的履行过程中,风险防范是确保合同能够按照约定顺利执

---

① 朱广新:《合同法总则》,中国人民大学出版社2012年第2版,第239页。

行、保护企业利益的关键环节。合同履行中,企业面临着各种法律风险,如对方违约、合同履行不能、法律变化等。企业应建立完善的风险预警机制,对合同履行过程中可能出现的风险进行识别和评估,并制定相应的预案和解决方案。

(一)合同履行过程中的风险

1.对方履约能力不足的风险

合同履行过程实质上是合同当事人完成合同义务的过程,若合同相对方不履行合同义务或者履行合同义务不符合约定,这势必会给企业造成巨大的风险。当出现对方无法履约的情形,企业应当及时采取相应的补救措施来避免损失的产生或扩大。另外,甚至当对方债务履行期限并未届满,合同一方可能因资金短缺、资源匮乏或经营不善等原因,显示出其可能丧失履行合同义务能力之时,也就是我们所说的"预期违约",企业此时也应当及时采取行动,避免损失的扩大。预期违约同实际违约一样,都是违约行为,都会给合同的完全履行造成障碍。企业提早采取行动,可以将损失降至最低。

当对方违约时,企业有权根据合同约定或法律规定要求对方承担违约责任。违约责任可能包括赔偿损失、支付违约金、继续履行或采取补救措施等。然而,在实际操作中,企业可能需要投入大量时间、精力和金钱来追究对方的违约责任,特别是在对方财务状况不佳或恶意逃避责任的情况下。

2.己方履约能力不足的风险

企业自身在合同履行过程中也可能因生产经营发生突发事件、投资战略发生重大调整等原因而违约,须承担违约责任并赔偿对方损失。己方违约往往与企业内部管理不善密切相关。例如,生产计划安排不当导致无法按时交付产品或服务;质量控制不严导致交付的产品或服务存在质量问题;合同履行团队沟通不畅导致工作失误等。这些内部管理问题都可能引发己方违约的风险。

除了内部管理问题外,外部因素也可能干扰企业履行合同的能力。企业自身在合同履行过程中可能因生产经营中的突发事件、自然灾害等外部原因而违约,例如,自然灾害、政策变动、原材料供应短缺等不可抗力因素可能导致企业无法按时履行合同义务。此外,市场竞争加剧、技术革新等也可能影响企业的生产经营状况,进而增加己方违约的风险。

3.不可抗力的风险

不可抗力风险是企业合同履行过程中可能遇到的重要风险。不可抗力是指不能预见、不能避免且不能克服的客观情况。这些客观情况既包括自然现象,如地震、台风、洪水、冰雹等,也包括社会现象,如战争、政府禁令、罢工等。不可抗力具有客观上的偶然性和不可避免性,以及主观上的不可预见性,当不可抗力事件发生时,可能导致合同无法继续履行,如因地震导致工厂损毁而无法生产合同约定的产品。

《民法典》第180条规定:"因不可抗力不能履行民事义务的,不承担民事责任。法律另有规定的,依照其规定。"虽然这一规定为企业在遭遇不可抗力事件时提供了法律保障,但是企业在不可抗力发生之时还应当采取相应措施。具体而言,企业要在合同中明确约定不可抗力的定义、范围、通知义务、证明要求以及因不可抗力导致的合同变更、解除和损失分担等事项,以减少纠纷的发生。当不可抗力事件发生时,企业应及时向对方通报情况,以便对方能够及时采取措施减少损失。企业应妥善保存与不可抗力事件相关的证明文件,如政府发布的灾害通报、新闻报道、现场照片等,以便在发生纠纷时作为证据使用。

4.法律合规的风险

法律合规的风险主要包括两部分,一个是合同条款自身的有效性,一个是法律变更。

合同条款可能违反国家法律法规的强制性规定,导致合同无效或部分无效,也可能出现主体不适格导致合同效力产生瑕疵等等。如果企业草率地与主体资格有瑕疵的当事人或代理人签署合同,可能导致合同无效或合同效力待定。例如,与未经授权的职能部室、不具独立法人资格的分支机构或未取得法人授权委托书的个人签订合同,都可能引发法律风险。

(二)企业合同履行中法律风险的防范

1.合理适用合同履行抗辩权

针对双务合同履行过程中出现的一方违约或可能违约的情况,《民法典》规定了三种抗辩权,即同时履行抗辩权、先履行抗辩权及不安抗辩权。法律为防止抗辩权滥用,针对不同的抗辩权规定了不同的行使条件。同时履行抗辩权和先履行抗辩权的行使条件均为一方当事人的债务已届清偿期但未履行,另一方当事人作为同时履行方或后履行一方有权拒绝履行自己的合同义务。对于同时履行抗辩权,要注意《最高人民法院关于适用〈中华人民共和国民法典〉合同编通则若干问题的解释》(以下简称《合同编通则司法解释》)第31条的规定,该条第2款规定:"当事人一方起诉请求对方履行债务,被告主张双方同时履行的抗辩成立,被告未提起反诉的,人民法院应当判决被告在原告履行债务的同时履行自己的债务,并在判项中明确原告申请强制执行的,人民法院应当在原告履行自己的债务后对被告采取执行行为;被告提起反诉的,人民法院应当判决双方同时履行自己的债务,并在判项中明确任何一方申请强制执行的,人民法院应当在该当事人履行自己的债务后对对方采取执行行为。"在行使先履行抗辩权时也要注意双务合同的先后履行顺序,可依法律规定、当事人约定或按交易习惯确定。

2.确保法律合规

企业应密切关注国家法律法规的变化,及时调整和完善合同条款,确保合同的合法性和有效性。企业应建立法律信息监测系统,及时收集和整理与企业经营相关的法律法规、政策文件等信息。该监测系统应覆盖国家、地方和行业层面的法律法规变化,确保企业能够及时了解最新的法律动态。除此之外,企业还应定期评估新出台的法律法规对企业经营活动和合同履行的影响。根据法律法规的变化情况,企业应及时更新合同条款,确保合同条款的合法性和有效性,避免产生新的法律风险。建立企业内部的合规文化,加强企业内部合规文化建设,提高员工的法律意识和合规意识,降低因违法违规行为而产生的风险。

3.加强企业合同信息协调

部门信息协调是企业管理环节的重要问题。信息流通不畅会给企业造成诸多风险。就合同信息而言,一份合同往往涉企业的多个部门,而所涉部门需要了解的信息也各不相同,因此,信息的整理和传递是合同履行的关键环节,起到提醒履行、防控风险等重要作用。企业的合同信息协调工作需要由特定的部门承担,对规模较大的企业来说,其法务部门负责合同的统筹管理,合同信息的整理和传递工作一般也由其完成;对规模不大的企业来说,各业务部门自行管理本部门的合同,掌握合同信息。

4.建立风险预警机制

在企业合同履行的过程中,建立风险预警机制能够帮助企业及时发现并应对潜在的合同风险,从而保障合同的顺利履行和企业的合法权益。在合同履行过程中,风险预警机制能够实时监控合同的履行情况,包括交货时间、质量标准、付款方式等关键条款的执行情况,确保合同按照约定进行。通过预警机制,企业可以在风险发生前进行预判和评估,从而提前采取措施加以防范,避免风险的发生或减轻风险的影响。企业应建立合同履行风险预警机制,通过收集和分析相关信息,对可能出现的风险进行预判和预警。当发现潜在风险时,企业应及时采取措施进行防范和应对,具体如下:

首先企业要识别风险因素。风险因素包括企业内部管理、财务状况、技术能力等可能影响合同履行的内部因素,以及包括市场环境、政策法规、自然灾害等可能影响合同履行的外部因素。企业应通过全面分析,识别出可能影响合同履行的各种风险因素,并建立风险清单。

其次,确定预警阈值。企业应当根据识别的风险因素,设定相应的预警指标,确定预警阈值。当指标值超过或低于阈值时,将触发预警机制。

最后,要建立合同履行监控系统和预警系统。企业可以利用现代信息技术手段,如大数据、人工智能等,建立自动化、智能化的预警系统。系统能够实时收集和分析合同履行过程中的相关数据,如交货进度、质量检验报告、付款凭证等,并与预设的预警指标进行对比分析,自动判断风险情况并发出预警信号。当监控系统检测到数据异常或达到预警阈值时,系统将自动触发预警信号,并通知相关部门和人员。相关部门应立即启动应急响应计划,对风险进行评估并采取相应的应对措施。例如,如果供应商交货延迟,采购部门应立即与供应商沟通,了解原因并督促其尽快交货;如果产品质量不合格,质检部门应迅速通知生产部门进行调整和改进。同时,预警系统应具备多渠道、多形式的预警方式,如短信、邮件、APP 推送等,确保预警信息能够及时、准确地传达给相关人员。

例如,一家公司与供应商签订了长期供货合同,约定每月供应一定数量的产品。为了确保合同顺利履行,公司建立了风险预警机制。具体而言,设置了交货时间预警,即系统设定每月交货时间的预警阈值为±3 天。一旦供应商预计无法按时交货或提前交货超过阈值,系统将自动发出预警信号,并通知采购部门和供应商协调解决。质量标准预警,即公司设定产品合格率的预警阈值为 98%。一旦某批次产品的合格率低于阈值,系统将自动触发质量预警,并通知质检部门和供应商进行质量分析和改进。付款期限预警,即系统监控客户的付款情况,设定逾期付款的预警阈值为 10 天。一旦客户逾期付款超过阈值,系统将自动发出财务预警,并通知财务部门和客户进行催款和沟通。

5.企业合同履行保障

(1)正确行使债权人代位权

因债务人怠于行使其债权或者与该债权有关的从权利,影响债权人的到期债权实现的,债权人可以向人民法院请求以自己的名义代位行使债务人对相对人的权利,但是该权利专属于债务人自身的除外。下列权利属于专属于债务人自身的权利,不得行使代位权:抚养费、赡养费或者扶养费请求权;人身损害赔偿请求权;劳动报酬请求权,但是超过债务人及其所扶养家属的生活必需费用的部分除外;请求支付基本养老保险金、失业保险金、最低生活保障金等保障当事人基本生活的权利;其他专属于债务人自身的权利。

债权人提起代位权诉讼的,由被告住所地人民法院管辖,但是依法应当适用专属管辖规定的除外。债务人或者相对人以双方之间的债权债务关系订有管辖协议为由提出异议的,人民法院不予支持。

债权人提起代位权诉讼后,债务人或者相对人以双方之间的债权债务关系订有仲裁协议为由对法院主管提出异议的,人民法院不予支持。但是,债务人或者相对人在首次开庭前就债务人与相对人之间的债权债务关系申请仲裁的,人民法院可以依法中止代位权诉讼。

债权人以债务人的相对人为被告向人民法院提起代位权诉讼,未将债务人列为第三人的,人民法院应当追加债务人为第三人。两个以上债权人以债务人的同一相对人为被告提起代位权诉讼的,人民法院可以合并审理。债务人对相对人享有的债权不足以清偿其对两个以上债权人负担的债务的,人民法院应当按照债权人享有的债权比例确定相对人的履行份额,但是法律另有规定的除外。

债权人向人民法院起诉债务人后,又向同一人民法院对债务人的相对人提起代位权诉讼,属于该人民法院管辖的,可以合并审理。不属于该人民法院管辖的,应当告知其向有管辖权的人民法院另行起诉;在起诉债务人的诉讼终结前,代位权诉讼应当中止。

在代位权诉讼中,债务人对超过债权人代位请求数额的债权部分起诉相对人,属于同一人民法院管辖的,可以合并审理。不属于同一人民法院管辖的,应当告知其向有管辖权的人民法院另行起诉;在代位权诉讼终结前,债务人对相对人的诉讼应当中止。

代位权诉讼中,人民法院经审理认为债权人的主张不符合代位权行使条件的,将会驳回诉讼请求,但债权人可以根据新的事实再次起诉。债务人的相对人仅以债权人提起代位权诉讼时债权人与债务人之间的债权债务关系未经生效法律文书确认为由,主张债权人提起的诉讼不符合代位权行使条件的,人民法院不予支持。

债权人提起代位权诉讼后债务人无正当理由减免相对人的债务或者延长相对人的履行期限,相对人以此向债权人抗辩的,人民法院不予支持。

(2)正确行使债权人撤销权

债务人以明显不合理的低价转让财产、以明显不合理的高价受让他人财产或者为他人的债务提供担保,影响债权人的债权实现,债务人的相对人知道或者应当知道该情形的,债权人可以请求人民法院撤销债务人的行为。对于"明显不合理"的低价或者高价,要合理认定。人民法院应当按照交易当地一般经营者的判断,并参考交易时交易地的市场交易价或者物价部门指导价予以认定。

根据《合同编通则司法解释》第42条的规定,转让价格未达到交易时交易地的市场交易价或者指导价70%的,一般可以认定为"明显不合理的低价";受让价格高于交易时交易地的市场交易价或者指导价30%的,一般可以认定为"明显不合理的高价"。同时,债务人与相对人存在亲属关系、关联关系的,不受70%和30%的限制。

债权人可以行使撤销权的不合理交易的类型,包括以明显不合理的价格实施互易财产、以物抵债等。根据《合同编通则司法解释》第43条的规定,债务人以明显不合理的价格,实施互易财产、以物抵债、出租或者承租财产、知识产权许可使用等行为,影响债权人的债权实现,债务人的相对人知道或者应当知道该情形,债权人请求撤销债务人的行为的,人民法院应当予以支持。

债权人提起撤销权诉讼的,应当以债务人和债务人的相对人为共同被告,由债务人或者相对人的住所地人民法院管辖,但是依法应当适用专属管辖规定的除外。两个以上债权人就债务人的同一行为提起撤销权诉讼的,人民法院可以合并审理。

在债权人撤销权诉讼中,被撤销行为的标的可分,当事人主张在受影响的债权范围内撤销债务人的行为的,人民法院应予以支持;被撤销行为的标的不可分,债权人主张将债务人的行为全部撤销的,人民法院也应予支持。债权人行使撤销权所支付的合理的律师代理费、差旅费等费用,可以认定为《民法典》第540条规定的"必要费用",当事人可以在提起撤销权诉讼时一并主张。

债权人在撤销权诉讼中可以同时请求债务人的相对人向债务人承担返还财产、折价补偿、履行到期债务等法律后果。债权人请求受理撤销权诉讼的人民法院一并审理其与债务人之间的债权债务关系,属于该人民法院管辖的,可以合并审理。不属于该人民法院管辖的,应当告知其向有管辖权的人民法院另行起诉。

同时,债权人可以依据其与债务人的诉讼、撤销权诉讼产生的生效法律文书申请强制执行,人民法院可以就债务人对相对人享有的权利,采取强制执行措施以实现债权人的债权。债权人在撤销权诉讼中可以申请对相对人的财产采取保全措施。

（3）合理适用合同履行保险

针对一些重要的合同或风险较高的合同,企业可以考虑购买合同履行保险。这样可以在合同履行过程中因对方违约或无法履行而导致损失时,获得相应的赔偿,或者考虑要求合同相对方提供合同履行保证金或履约保函,以降低违约风险。

6.促成合同的变更和解除

企业主动违约时,通常都会寻求合理的理由,说明按照原合同继续履行的困难,以期望与对方协议变更或解除合同。在交涉过程中,企业应当尽量避免以书面形式与对方协商,否则一旦协商不成,对方将以函件作为证明企业违约的证据。即使企业事后期望继续履行合同,对方仍然可能根据企业提供的书面证据拒绝履行合同,认定企业已经构成根本违约,对方根据法律规定要求解除合同,同时追究企业的违约责任。因此,如预见己方可能违约,应及时与对方协商变更或解除合同的事宜,同时应避免留下对己方不利的证据以及及时采取措施来避免和减轻己方的违约责任。

此外,一些企业会事先约定可解除合同的情况,在己方违约时,企业为利用有关的约定,故意成就解除条件,然后向对方发出解除合同的通知。《民法典》第159条规定:"附条件的民事法律行为,当事人为自己的利益不正当地阻止条件成就的,视为条件已经成就;不正当地促成条件成就的,视为条件不成就。"因此,企业采用这样的方式解决己方违约,同样面临法律风险,应当尽量避免。

典型案例分析

基本案情

E公司与F公司签订了一份长期供应合同,约定F公司每月向E公司供应一定数量的特定原材料,E公司则在收到原材料后的30天内支付货款。合同履行一段时间后,F公司发现E公司的财务状况出现严重问题,多次拖欠其他供应商的货款,并且面临破产的风险。基于这种情况,F公司担心继续向E公司提供原材料后无法按时收到货款,因此决定暂停向E公司提供货物,并要求E公司提供担保或采取其他措施以确保合同能够继续履行。E公司则认为F公司无故拒绝提供货物,构成违约,要求F公司继续履行合同。

案例评析

本案属于E公司与F公司合同履行中的不安抗辩权纠纷案,争议焦点是F公司是否有权中止履行合同并主张不安抗辩权。

不安抗辩权是指在合同履行过程中,当一方发现另一方存在丧失或可能丧失履行债务能力的情况时,可以中止履行合同并要求对方提供担保或采取其他保障措施。因此,F公司发现E公司的财务状况严重,存在无法履行债务的风险,其有权主张不安抗辩权,暂停提供货物并要求E公司提供担保。

然而,在主张不安抗辩权时,当事人需要提供充分的证据支持其主张,并承担相应的举证责任。E公司财务状况出现严重问题,存在不能履行合同义务的风险,这是F公司行使不安抗辩权的基础。然而,F公司为了支持其主张,需要提供充分的证据,如E公司的财务报表、债务清单、银行证明、法律诉讼记录等,以证明E公司的财务状况确实存在严重问题以至于可能无法履行合同义务。同时根据法律规定,当事人在行使不安抗辩权之前,应当通知对方,并给对方合理的期限提供担保或恢复履行能力。故F公司在行使不安抗辩权之前要履行通知和协商的义务,当然这也需要F公司提供证据来证明。

如果F公司能够提供充分的证据证明E公司的财务状况确实存在严重问题,并且这些问题可能导致E公司无法履行债务,法院可能会支持F公司的不安抗辩权主张,允许F公司暂停提供货物并要求E公司提供担保。然而,如果 F 公司无法提供充分的证据支持其主张,或者 E 公司能够提供充分的证据反驳 F 公司的主张,法院可能会认定 F 公司构成违约,并判决其承担相应的违约责任,如继续履行合同。

相关法律规则

中华人民共和国民法典

第五百零九条　当事人应当按照约定全面履行自己的义务。

当事人应当遵循诚实信用原则,根据合同的性质、目的和交易习惯履行通知、协助、保密等义务。

当事人在履行合同过程中,应当避免浪费资源、污染环境和破坏生态。

第五百一十条　合同生效后,当事人就质量、价款或者报酬、履行地点等内容没有约定或者约定不明确的,可以协议补充;不能达成补充协议的,按照合同相关条款或者交易习惯确定。

第五百一十一条　当事人就有关合同内容约定不明确,依据前条规定仍不能确定的,适用下列规定:

(一)质量要求不明确的,按照强制性国家标准履行;没有强制性国家标准的,按照推荐性国家标准履行;没有推荐性国家标准的,按照行业标准履行;没有国家标准、行业标准的,按照通常标准或者符合合同目的的特定标准履行。

(二)价款或者报酬不明确的,按照订立合同时履行地的市场价格履行;依法应当执行政府定价或者政府指导价的,依照规定履行。

(三)履行地点不明确,给付货币的,在接受货币一方所在地履行;交付不动产的,在不动产所在地履行;其他标的,在履行义务一方所在地履行。

(四)履行期限不明确的,债务人可以随时履行,债权人也可以随时请求履行,但是应当给对方必要的准备时间。

(五)履行方式不明确的,按照有利于实现合同目的的方式履行。

(六)履行费用的负担不明确的,由履行义务一方负担;因债权人原因增加的履行费用,由债权人负担。

第五百一十五条　标的有多项而债务人只需履行其中一项的,债务人享有选择权；但是，法律另有规定、当事人另有约定或者另有交易习惯的除外。

享有选择权的当事人在约定期限内或者履行期限届满未作选择，经催告后在合理期限内仍未选择的，选择权转移至对方。

第五百二十二条 当事人约定由债务人向第三人履行债务，债务人未向第三人履行债务或者履行债务不符合约定的，应当向债权人承担违约责任。

法律规定或者当事人约定第三人可以直接请求债务人向其履行债务，第三人未在合理期限内明确拒绝，债务人未向第三人履行债务或者履行债务不符合约定的，第三人可以请求债务人承担违约责任；债务人对债权人的抗辩，可以向第三人主张。

第五百二十三条 当事人约定由第三人向债权人履行债务，第三人不履行债务或者履行债务不符合约定的，债务人应当向债权人承担违约责任。

第五百二十四条 债务人不履行债务，第三人对履行该债务具有合法利益的，第三人有权向债权人代为履行；但是，根据债务性质、按照当事人约定或者依照法律规定只能由债务人履行的除外。

债权人接受第三人履行后，其对债务人的债权转让给第三人，但是债务人和第三人另有约定的除外。

第五百二十五条 当事人互负债务，没有先后履行顺序的，应当同时履行。一方在对方履行之前有权拒绝其履行请求。一方在对方履行债务不符合约定时，有权拒绝其相应的履行请求。

第五百二十六条 当事人互负债务，有先后履行顺序，应当先履行债务一方未履行的，后履行一方有权拒绝其履行请求。先履行一方履行债务不符合约定的，后履行一方有权拒绝其相应的履行请求。

第五百二十七条 应当先履行债务的当事人，有确切证据证明对方有下列情形之一的，可以中止履行：

（一）经营状况严重恶化；

（二）转移财产、抽逃资金，以逃避债务；

（三）丧失商业信誉；

（四）有丧失或者可能丧失履行债务能力的其他情形。

当事人没有确切证据中止履行的，应当承担违约责任。

第五百三十五条 因债务人怠于行使其债权或者与该债权有关的从权

利,影响债权人的到期债权实现的,债权人可以向人民法院请求以自己的名义代位行使债务人对相对人的权利,但是该权利专属于债务人自身的除外。

代位权的行使范围以债权人的到期债权为限。债权人行使代位权的必要费用,由债务人负担。

相对人对债务人的抗辩,可以向债权人主张。

第五百三十九条　债务人以明显不合理的低价转让财产、以明显不合理的高价受让他人财产或者为他人的债务提供担保,影响债权人的债权实现,债务人的相对人知道或者应当知道该情形的,债权人可以请求人民法院撤销债务人的行为。

最高人民法院关于适用《中华人民共和国民法典》 合同编通则若干问题的解释

第二十六条　当事人一方未根据法律规定或者合同约定履行开具发票、提供证明文件等非主要债务,对方请求继续履行该债务并赔偿因怠于履行该债务造成的损失的,人民法院依法予以支持;对方请求解除合同的,人民法院不予支持,但是不履行该债务致使不能实现合同目的或者当事人另有约定的除外。

第二十七条　债务人或者第三人与债权人在债务履行期限届满后达成以物抵债协议,不存在影响合同效力情形的,人民法院应当认定该协议自当事人意思表示一致时生效。

债务人或者第三人履行以物抵债协议后,人民法院应当认定相应的原债务同时消灭;债务人或者第三人未按照约定履行以物抵债协议,经催告后在合理期限内仍不履行,债权人选择请求履行原债务或者以物抵债协议的,人民法院应予支持,但是法律另有规定或者当事人另有约定的除外。

前款规定的以物抵债协议经人民法院确认或者人民法院根据当事人达成的以物抵债协议制作成调解书,债权人主张财产权利自确认书、调解书生效时发生变动或者具有对抗善意第三人效力的,人民法院不予支持。

债务人或者第三人以自己不享有所有权或者处分权的财产权利订立以物抵债协议的,依据本解释第十九条的规定处理。

第二十八条　债务人或者第三人与债权人在债务履行期限届满前达成以物抵债协议的,人民法院应当在审理债权债务关系的基础上认定该协议的效力。

当事人约定债务人到期没有清偿债务,债权人可以对抵债财产拍卖、变卖、折价以实现债权的,人民法院应当认定该约定有效。当事人约定债务人到期没有清偿债务,抵债财产归债权人所有的,人民法院应当认定该约定无效,但是不影响其他部分的效力;债权人请求对抵债财产拍卖、变卖、折价以实现债权的,人民法院应予支持。

当事人订立前款规定的以物抵债协议后,债务人或者第三人未将财产权利转移至债权人名下,债权人主张优先受偿的,人民法院不予支持;债务人或者第三人已将财产权利转移至债权人名下的,依据《最高人民法院关于适用〈中华人民共和国民法典〉有关担保制度的解释》第六十八条的规定处理。

第二十九条 民法典第五百二十二条第二款规定的第三人请求债务人向自己履行债务的,人民法院应予支持;请求行使撤销权、解除权等民事权利的,人民法院不予支持,但是法律另有规定的除外。

合同依法被撤销或者被解除,债务人请求债权人返还财产的,人民法院应予支持。

债务人按照约定向第三人履行债务,第三人拒绝受领,债权人请求债务人向自己履行债务的,人民法院应予支持,但是债务人已经采取提存等方式消灭债务的除外。第三人拒绝受领或者受领迟延,债务人请求债权人赔偿因此造成的损失的,人民法院依法予以支持。

第三十条 下列民事主体,人民法院可以认定为民法典第五百二十四条第一款规定的对履行债务具有合法利益的第三人:

(一)保证人或者提供物的担保的第三人;

(二)担保财产的受让人、用益物权人、合法占有人;

(三)担保财产上的后顺位担保权人;

(四)对债务人的财产享有合法权益且该权益将因财产被强制执行而丧失的第三人;

(五)债务人为法人或者非法人组织的,其出资人或者设立人;

(六)债务人为自然人的,其近亲属;

(七)其他对履行债务具有合法利益的第三人。

第三人在其已经代为履行的范围内取得对债务人的债权,但是不得损害债权人的利益。

担保人代为履行债务取得债权后,向其他担保人主张担保权利的,依据

《最高人民法院关于适用〈中华人民共和国民法典〉有关担保制度的解释》第十三条、第十四条、第十八条第二款等规定处理。

第三十一条　当事人互负债务，一方以对方没有履行非主要债务为由拒绝履行自己的主要债务的，人民法院不予支持。但是，对方不履行非主要债务致使不能实现合同目的或者当事人另有约定的除外。

当事人一方起诉请求对方履行债务，被告依据民法典第五百二十五条的规定主张双方同时履行的抗辩且抗辩成立，被告未提起反诉的，人民法院应当判决被告在原告履行债务的同时履行自己的债务，并在判项中明确原告申请强制执行的，人民法院应当在原告履行自己的债务后对被告采取执行行为；被告提起反诉的，人民法院应当判决双方同时履行自己的债务，并在判项中明确任何一方申请强制执行的，人民法院应当在该当事人履行自己的债务后对对方采取执行行为。

当事人一方起诉请求对方履行债务，被告依据民法典第五百二十六条的规定主张原告应先履行的抗辩且抗辩成立的，人民法院应当驳回原告的诉讼请求，但是不影响原告履行债务后另行提起诉讼。

第三十三条　债务人不履行其对债权人的到期债务，又不以诉讼或者仲裁方式向相对人主张其享有的债权或者与该债权有关的从权利，致使债权人的到期债权未能实现的，人民法院可以认定为民法典第五百三十五条规定的"债务人怠于行使其债权或者与该债权有关的从权利，影响债权人的到期债权实现"。

第三十四条　下列权利，人民法院可以认定为民法典第五百三十五条第一款规定的专属于债务人自身的权利：

（一）抚养费、赡养费或者扶养费请求权；

（二）人身损害赔偿请求权；

（三）劳动报酬请求权，但是超过债务人及其所扶养家属的生活必需费用的部分除外；

（四）请求支付基本养老保险金、失业保险金、最低生活保障金等保障当事人基本生活的权利；

（五）其他专属于债务人自身的权利。

第四十二条　对于民法典第五百三十九条规定的"明显不合理"的低价或者高价，人民法院应当按照交易当地一般经营者的判断，并参考交易时交易地的市场交易价或者物价部门指导价予以认定。

转让价格未达到交易时交易地的市场交易价或者指导价百分之七十的,一般可以认定为"明显不合理的低价";受让价格高于交易时交易地的市场交易价或者指导价百分之三十的,一般可以认定为"明显不合理的高价"。

债务人与相对人存在亲属关系、关联关系的,不受前款规定的百分之七十、百分之三十的限制。

第四十三条 债务人以明显不合理的价格,实施互易财产、以物抵债、出租或者承租财产、知识产权许可使用等行为,影响债权人的债权实现,债务人的相对人知道或者应当知道该情形,债权人请求撤销债务人的行为的,人民法院应当依据民法典第五百三十九条的规定予以支持。

思考题

1.简述在企业合同履行中,如何合理行使同时履行抗辩权和不安抗辩权,并举例说明其在实际操作中的应用。

2.探讨企业在合同履行过程中应如何建立风险预警机制,以防范对方履约能力不足的风险,并结合实际案例分析其重要性。

3.分析企业在合同履行中如何确保法律合规,特别是面对合同条款自身有效性和法律变更的风险,并提出相应的防范措施。

客观题扫码自测

第六章　企业合同变更与转让管理

实践中,合同变更和债的转让的行为普遍存在。随着经济社会的发展,商事交易越来越频繁,债权流转的数目和频率也与日俱增,在民间借贷、公司金融不良资产的处理中尤为常见。但是,由于企业当事人对于合同变更和债的转让的法律规定以及转让程序未必熟悉,导致很多的债的转让的行为并不规范,争议频发且逐年增多。因此在企业合同审查与管理中,有必要对债的转让与合同的基本条款进行系统的梳理和分析,明确实践操作中的风险,规范合同变更的行为,减少不必要的纠纷。

第一节　企业合同变更管理

一、合同变更的概念、条件和效力

(一)合同变更的概念

合同变更有广义和狭义之分。广义的合同变更,包括合同内容的变更与合同主体的变更。狭义的合同变更仅包括合同内容的变更,是指当事人不变,合同的内容改变的现象。本节内容主要讨论合同内容的变更,简称合同的变更。

(二)合同变更的条件

1.存在合法有效的合同关系;

2.合同内容发生变化;

3.当事人就合同变更协商一致。基于意思自治原则,当事人变更合同的,原则上应当协商一致。如果一方当事人未经对方当事人同意擅自改变合同的内容,此变更后的内容对另一方没有法律约束力,而且还有悖于有约必守原则,属于违约行为,当事人应当承担违约责任。

(三)合同变更的效力

在变更后的合同内容不违反法律、行政法规的强制性规定,不损害社会公共利益,不有违社会公德的情况下,发生合同变更的法律效果。合同变更原则上仅对未来发生效力,已经按照原有合同产生的给付行为无溯及力,已经履行的行为不因为合同的变更失去法律依据,任何一方不能因为合同的变更而要求对方返还相应的给付,但是当事人另有约定的除外。合同变更仅对作出变更的部分发生效力,未作出变更的部分权利义务继续有效不变。

当事人对合同变更的内容约定不明确的,推定为未变更。"推定"一词并非"视为未变更",而是意味着若当事人能够举证就合同达成变更合意的证据,就能够推翻推定的适用。

二、合同内容变更

(一)关于合同内容变更的认定

1.合同标的物在质量和数量方面的变更。通过约定将合同标的物数量增加或减少属于合同内容的变更。

2.合同履行条件的变更。所谓合同履行条件,包括履行期限、履行地点、履行方式以及结算方式等。当事人通过约定将原约定的履行期限、履行地点、履行方式、结算方式等予以改变,属于合同的变更。

3.合同价款的变更。当事人通过约定将原约定的合同价款或酬金予以增减,属于合同的变更。通过约定改变利率,增减利息的数额,亦为合同的变更。

4.合同所附条件或期限的变更。例如,所附条件的除去或增加,所附期限的延长或提前,所附条件的构成要素的增加或减少,等。

5.合同担保的变更。例如,基于当事人的意思表示,合同担保消灭或新设立等。

6.给付义务、附随义务的变更。例如,原约定股权转让方保障股权转让获得主管机关的批准,现变更为保障拟转让的股权上没有任何负担。

7.违约责任的变更。例如,将原约定的每日万分之三的违约金变更为每日万分之二点五,将延迟履行的违约金和瑕疵给付的违约金累计变更为只能选择其一。

8.解决争议方法的变更。例如,原约定双方发生争议时交由某仲裁委员会裁决,后约定变更为交由人民法院判决。

9.排除法定义务的变更。合同约定的条款没有改变,但依据《民法典》第 509 条第 2 款等规定产生的,当然作为合同内容的附随义务,基于《民法典》第 598 条、第 599 条等规定产生的,当然作为合同内容的从给付义务,却全部或部分地被双方当事人于其后签订的合同所排除,在该约定排除有效的情况下,便构成合同变更。

（二）关于合同内容变更不明确的理解

1.当事人各方以语言或文字将原合同的约定清楚、明确地予以改变,视为对合同变更的内容约定明确,应当发生合同变更的效力。

2.对合同的债权、债务的变更约定明确,但对某些附随义务的变更约定不明确,不一律推定为合同未变更,而应视具体情况来确定合同变更与否。约定清楚明确的各项,应当发生变更的效力。

3.对合同变更采用一份完整的合同文本予以明确,固然可以发生合同变更的法律效力,但是采取若干份文件的形式,逐项变更原合同的内容,只要是意思表示一致,也可以发生合同变更的效力。

4.对合同内容的变更约定不明确的,推定为未变更,不能根据《民法典》第 510 条、第 511 条填补合同漏洞的规则,承认合同的变更。第 510 条、第 511 条适用的前提是合同存在漏洞,合同无漏洞时不能援引这两条规则,在合同变更中,不存在漏洞情况,当事人对变更的内容约定不明确的,仍以原合同的内容为准。

三、合同内容变更的风险防范

注意合同变更的内容是否明确。合同内容变更不明确主要分为两种情况:

一是变更约定本身不清楚。例如,施工合同补充条款中约定建设工程质量达到"优秀"标准,但目前对建设工程验收标准只有"合格"或者"不合格",没有"优秀",因此,虽然从合同的内容看双方当事人对工程质量提出了更高的要求,但是由于合同中质量标准的内容不清晰、无法理解、无法执行,因此在法律上只能推定"未变更"。二是用于变更的证据被涂改,导致变更的内容双方各执一词,变更内容不明确最后被推定为"未变更"。

在《民法典》第544条规定情形下,当事人只须按照原有合同的约定履行义务,任何一方不得要求对方履行变更约定中不明确的内容。对于此变更约定不明确的合同履行问题,应当回到原合同的履行。换言之,此时当事人不履行变更约定不明确的内容不构成违约,但不履行原合同内容则构成违约。

第二节　企业合同转让管理

一、合同转让的概念

合同转让,即合同权利、义务的转让,是指在不改变合同关系内容的前提下,合同关系的一方当事人依法将其合同的权利、义务全部或部分地转让给第三人的行为。按照转让内容的不同,合同转让可以分为合同权利转让、合同义务移让、合同权利和义务的概括转让。

合同权利转让(债权让与/转让),是指在不改变债权关系内容的情况下,债权人通过让与合同,将其债权转移于第三人享有的行为。其中的债权人称为让与人,第三人称为受让人。

债务承担是指债的关系不失其同一性,债权人或债务人通过与第三人订立债务承担合同,将债务全部或部分地移转给第三人承担的行为。

债权债务的概括移转,即合同权利义务的概括移转,也称合同权利义务的一并转让,是指原合同当事人一方将其权利义务一并转移给第三人,由该第三人概括地继受这些权利义务的法律现象。

二、合同转让的法律后果

(一)债权转让

1.债权转让的生效条件

第一,存在合法有效的债权。若是作为标的物的债权不存在,但是债务人向受让人确认债权存在,受让人信以为真,据此订立债权让与合同,受让人有权请求债务人向自己清偿,债务人无权以债权不存在为由对抗受让人的请求。对于有效的债权应当作从宽解释,不要求此债权必须是效力齐备的债权。以下类型也可以作为转让的标的物:附条件或者附期限的合同所生的债权;已过诉讼时效的债权;可撤销的合同所生的债权;享有选择权的债权等内容不确定的债权;成为权利质权的债权,属于确定、有效的债权,只是其上有负担。只要受让人于其受让时知晓该种负担,预知权利质权实行的可能,债权转让合同的效力就不因权利质权的存在而受到任何影响。

第二,被转让的债权具有可让与性。债权一般都具有可转让性,除根据债权性质不能转让的债权,主要包括基于人身信任关系产生的债权,如雇佣、委托合同等;按照当事人的约定不能转让的债权;但是当事人约定非金钱债权不能转让的,不得对抗善意第三人;依照法律规定的不能转让的债权。法律规定的不能让与的债权,即该债权为禁止流通物,让与人和受让人签订让与该债权的合同,构成自始客观不能,合同无效,这种情况,债务人有权拒绝向受让人履行债务。

第三,让与人与受让人达成债权转让协议。基于合同相对性原理,让与人与受让人一经达成债权转让协议之后,即在二者之间产生债权转让的内部效力。

2.债权让与的效力

(1)内部效力

债权转让协议一旦签订,即在让与人与受让人之间产生内部效力,原债权人(让与人)退出债的关系,不再享受债权债务,受让人取得让与人的法律地位而成为新的债权人。在债权部分让与时,让与人和受让人共同享有债权。

债权人转让债权的,受让人取得和债权有关的从权利(如担保物权和其他从权利),但是该权利专属于债权人自身的除外,受让人取得从权利不因该从权利未办理转移登记手续或未转移占有而受到影响。

让与人需要对其让与债权负瑕疵担保责任。债权的让与只是变更债权的主体,该债权的性质不因此而有所改变,故债权存在的瑕疵也移转于受让人。若让与的债权自身存在类似于有体物的瑕疵,则应当类推适用民法典关于物的瑕疵担保责任的规定。若让与的债权存在第三人主张的情形,则应当类推适用民法典关于权利瑕疵担保的规定,让与人对受让人承担权利瑕疵担保责任,除非受让人在订立债权让与合同时知道或者应当知道第三人对该债权享有权利。

(2)外部效力

外部效力,即债权让与合同生效的结果对于债务人的效力。债权转让成立并一经通知债务人,债务人只能向受让人履行,不得再向原债权人(让与人)清偿或者其他免责行为,否则不发生清偿的效果,免责行为也归于无效。

未通知债务人的,该转让行为对债务人不发生效力,另一层意思即,在让与通知之前,债务人对于原债权人的清偿、免责行为,或者让与人对于债务人为免除或抵销,应当有效。受让人为此请求债务人履行清偿行为的,债务人有权予以抗辩。

《合同编通则司法解释》第48条第2款规定,让与人未通知债务人,受让人直接起诉债务人请求履行债务,人民法院经审理确认债权转让事实的,应当认定债权转让自起诉状副本送达时对债务人发生效力。债务人主张因未通知而给其增加的费用或者造成的损失从认定的债权数额中扣除的,人民法院依法予以支持。这是经济、合理的制度设计,并且让与人主张的抵销、免除也应当是有效的。债权的自由转让必须在不损害债务人现存利益的前提下进行,债务人不能因为债权的转让而使自己的地位恶化,所以债务人对于让与人的抗辩权,在债权转让之后可以向受让人也即新的债权人主张。

(二)债务承担

1.生效的要件

第一,存在合法有效的债务;第二,被转移的债务具有可转让性;第三,存在合法有效的债务承担方式。

2.债务承担的类型

(1)免责的债务承担

免责的债务承担指第三人取代原债务人的地位而承担全部或部分债务,使原债务人全部或部分脱离债的关系的债务承担方式。

债务人和第三人签订债务承担协议,应当经由债权人的同意。同意的方式不唯一,可以书面、可以口头。债务人或第三人可以催告债权人在合理期限内予以同意,债权人未作出明确表示的,视为不同意。债权人和第三人签订债务承担协议的,债权人以"签字行为"的方式表明其同意债务转移。债权人、债务人和第三人签订债务承担协议,债权人以"签字行为"的方式表明其同意债务转移。债务人移转合同义务,法律、法规规定应当办理批准手续的,自办理相应手续后才生效。

免责的债务承担的效力,即承担人成为债务人。免责的债务承担合同一经生效,承担人就取代原债务人,成为新的债务人;原债务人脱离债的关系,由承担人直接向债权人承担债务。

承担人享有抗辩权。《民法典》第 553 条规定,债务人转移债务的,新债务人可以主张原债务人对债权人的抗辩。若承担人主张原债务人对于债权人的抗辩,可以追加原债务人为第三人,若是原债务人已经抛弃抗辩权,则承担人无法行使对于债权人的抗辩权。承担人所使用的抗辩权的范围仅以原债务关系为限,不能以原债务人自己的债权为由主张抵销。承担人也可以承担债务的原因关系的事由对抗债权人。

(2)并存的债务承担

并存的债务承担又称附加的债务承担,是指债务人不脱离债的关系,而第三人加入债的关系,与原债务人一起向债权人承担债务的债务承担方式。第三人与债务人约定加入债务并通知债权人,或者第三人向债权人表示愿意加入债务,债权人未在合理期限内明确拒绝的,债权人可以请求第三人在其愿意承担的债务范围内和债务人承担连带责任。

债务加入合同成立之时也即并存的债务生效之时,除非当事人之间另有约定。债务加入合同生效,加入者加入债务中,与原债务人一起向债权人负担债务。

债务加入合同若由加入者和债权人签订,则目的是担保原债务人的债务,加入者负担与原债务同一内容的债务,自然以债务人的存在为前提,若原债务由于撤销或者免除而归于消灭,那么债务加入合同也即告终止。加入者承担的债务以加入时的原债务为限,不得超过原债务。

加入者和免责的债务移转类似,对于债权人享有抗辩权。加入者因为债务人的法律关系所有的对于债权人的对抗事由,可以用作对债权人的抗辩,但是不能以债务人的债权作抵销行为。

当事人就债权所作的担保,无论是人的担保还是物的担保,因原债务人与债务加入合同成立后并未脱离债的关系,不受影响,所以债权人对于债务加入后,仍然可以对于保证人或者担保物行使其担保物权。但是担保仅对于原债务人有效,对于加入者而言,非经由当事人承认,不对加入者的债务承担担保责任。

(三)合同权利义务的概括转移

合同权利义务的概括移转可以基于法律的规定产生,称为法定的概括移转,也可以基于当事人之间的法律行为产生,称为意定的概括移转。合同权利义务的概括移转可以是合同权利义务全部由出让人移转至承受人,也可以是合同权利义务的一部分转移给承受人。全部移转将使承受人取代出让人的法律地位,成为合同关系的新一方当事人;一部分移转时,出让人和承受人应确定各自享有的债权和承担的债务的份额,若双方无约定则视为连带之债。

合同权利义务的概括移转包括合同权利的转让,也包括合同义务的移转。因而根据规定,涉及权利转让的部分可适用债权转让的规定,涉及合同义务移转的部分则可适用债务移转的有关规定。

三、企业合同转让实务操作

(一)债权转让的成立与程序

1.确定债权是否满足可转让的条件。因合同的性质、双方的约定以及法律的规定,某些债权是不可转让的,当事人在决定转让债权时,要确定债权满足可转让的条件。

不是所有的债权都是可以转让的,标的债权应当是依法可以转让的债权,具有可转让性,具体包括以下几个方面。

(1)真实性。标的的债权应当是真实存在的,不能是虚构的债权。在实践中,对于债权的真伪确定可以根据让与人和债务人之间的债权合同以及相关确认书、履行证据等进行判断,最大程度地保护债权的真实性和受让方的权益。

(2)合法性。合法性包括权限的合法性和债权的合法性。权限的合法性是指让与人对标的债权有处分权,否则会构成无权处分,会导致合同的效力处于不确定的状态。债权性质的合法性是指标的债权应当是法律上规定可以转让的债权。实践中应当明确法律规定的不能进行转让的债权,注意对此类规则的理解和运用。

(3)有效性。债权的有效性涉及两个方面,一是让与人对于标的债权是否具有合法的处分权,二是债权是否有效存续。虽然效力不齐备的债权不影响其转让,但在实务中,应当充分注意让与人和债务人之间的合同是否有效、是否被撤销或者解除、是否已经履行完毕、是否已经转让、债务人是否拥有抗辩权以及抵销权等事项,保证标的债权的有效性和受让方的权益,避免不必要的交易成本。若是标的的有效性存在风险,须谨慎考虑承受债权转让。

2.债权转让人与受让人就债权转让相关条件达成一致意见,并就双方的权利义务签订债权转让合同。债权转让合同的主体包括让与人和受让人,确定双方当事人主体的真实性以及履约能力,对于合同双方履约能力的判断是审查合同主体的核心。

3.债权让与人或者受让人发出债权转让通知书,债务人只有实际收到债权转让通知书后,债权转让才对其发生效力。未通知债务人的,该转让行为对债务人不发生效力。

4.办理相关的批准、登记等手续。有些债权转让行为需要办理相关手续,当事人应当依法办理。

(二)债务承担的成立与程序

1.确定债务的有效性和可转移性。首先需要确定债务是有效的,且能转移给第三方。若债务不具备有效性,债务移转的合同效力存在瑕疵,且第三人承担债务或者加入债务时,无法向债权人清偿债务。

2.第三人与债务人达成合意。第三方和债务人就债务移转事项达成一致的意思表示,第三人具备相应的缔约能力,当事人双方意思表示真实。

3.征求债权人同意。债务人的更换势必会造成债权履行能力的变化,对于债权人的利益造成影响,故债务承担生效的条件之一是债权人同意。

4.签订债务承担合同。在上述程序完成以后,第三人与债务人签订债务承担的合同,明确债务承担的具体内容和方式,债务承担的合同内容不能违反法律、行政法规的强制性规定,不得违背公序良俗,当事人之间也不能基于非法原因而成立债务承担。若是债务人移转合同须经行政手续批准的,还需要办理相关手续才能生效。

(三)合同权利义务的概括移转

合同权利义务的概括转移一般基于当事人与第三人之间的合同而发生,包含着债权的转让和债务的承担,分别按照上述有关类型参照适用,当然也有基于法律规定而发生的。企业合并或者分立以后,原企业的债权债务的移转,属于法定的移转。因而不需要取得相对人的同意,依合并或者分立的企业的通知或者公告发生效力。通知的方式可以是单独通知,也可以是公告通知。公告通知的,应当保证在一般情形下能为相对人所知悉。通知到达相对人或公告期满时,原债权债务即移转于合并或者分立的新企业,该企业成为合同关系的当事人,享有一切债权,承担一切债务。

四、合同转让的风险防范

(一)合同转让须依法通知债务人

我国《民法典》第 546 条规定,债权人转让债权,未通知债务人的,该转让对债务人不发生效力。可以看出,转让对债务人产生效力的条件之一就是通知到达债务人。债权转让与债务移转不同,债权转让无须债务人同意,债权转让对债务人影响不大,但是不能因为债权转让使得债务人的地位恶化,增加一定的负担或减损一定的权益。在理论中,通知由让与人或者受让人作出均有效,但是实践中往往会出现二者都未发出转让通知。债务人在不知晓债权转让的情况下,对让与人履行完毕债务,受让人主张债权已经转让,要求债务人向自己履行债务显然无法获得人民法院的支持。所以,当债权转让未及时通知债务人,势必会造成受让人的利益损失,需要各方均加以注意。

在债权多重转让的情况下,债务人向最先通知的受让人履行债务。最先通知是指最先到达债务人的转让通知中载明的受让人,在债权转让合同生效后须尽快向债务人传达债权已经转让的信息,若未及时通知到债务人,受让人不知在让与人对债权进行多重转让时,在未及时履行通知义务时,会有损自己的权益。

(二)实务中注意履行通知义务

债权让与通知,法律性质为观念通知,通知人无须有效果意思,也不需要债务人承诺,通知到达债务人处产生效力。债权转让通知的方式有两种,可以采取诉讼通知的形式,但通常采用非诉的形式。

第一种方式是由让与人发出通知。债权转让中的"通知"规则属于债务人保护规则。最方便的方式是让与人(原债权人)作出让与通知,因为债务人与让与人之间存在基础法律关系。在通知时间上,一般应当是及时通知,可以约定在债权转让合同签署以后一定日期内进行通知。在通知方式上,一般选择易于留痕的通知方式,如在债务人能够书面确认的情况下,应当由债务人签收债权转让通知书,若债务人难以直接签收,可以通过邮寄的方式进行通知。若是邮寄的方式也难以通知到债务人,可以采取公告的方式送达。对于受让方而言,避免后期在通知的问题上出现障碍,可以要求转让方在签署债权转让协议时一并出具多份债权转让通知交由受让方保存备用。

第二种方式是直接起诉通知债务人,这种方式利于受让人,使其不必担忧如何实行一个法律上有效的通知行为。但是这种通知的行为对于债务人而言是不利的,债务人可能会因为债权转让而增加程序性费用或损失(如参加诉讼的费用、财产保全和担保的费用等)。因此,该费用和损失应当从债权中扣除。此时,受让人往往会基于与让与人之间的合法有效的债权转让合同中的明确约定追究让与人的违约责任,或者基于让与人应当履行的附随义务而追究让与人的违约责任。故而,由此产生的损失和费用最后由让与人承担,通知债务人由让与人履行是最恰当、经济、高效的方式。

典型案例分析(一)

基本案情

A 公司系某影片的出品方,委托 B 公司负责该片的宣发,并签订宣发合同。合同约定宣发预算为 1100 万元,不得超支。合同履行中,B 公司向 A 公司发送宣发工作备忘录,内容如下:因竞争压力大,希望能增加宣发预算规模至 1500 万元。请在 7 日内予以回复,否则视为对本邮件内容之同意。但 A 公司不但未在 7 日内回复,而且在很长时间内也未回复。B 公司见 A 公司未作回复,便将宣发费增加了 400 万元。待发行结束后,A 公司致函 B 公司称不同意增加宣发费,对其单方增加 400 万的费用不予承担。

案例评析

该案中,双方在宣发合同中已经就宣发费事项达成合意,即费用为 1100 万元,且不得超支。B 公司向 A 公司发送宣发工作备忘录,表达将宣发预算增加至 1500 万元的意愿,意思表示与先前宣发合同约定不一致,实为对宣发合同中宣发费条款的变更要约。承诺是同意要约的意思表示,A 公司沉默并未对 B 公司变更之要约作出同意。因此,两家公司并未对变更宣发合同、增加宣发预算达成合意。首先宣发工作备忘录仅仅是 B 公司单方的意思表示,一方的意愿不能产生变更宣发合同的效力。其次,在收到 B 公司的宣发工作备忘录、获知其变更宣发费约定的要求后,A 公司可能有 3 种反馈表现:同意、反对或者沉默不回应。无论是同意还是反对,其所作意思表示都是明确的,即接受增加宣发费的建议或不同意增加宣发费的态度,但沉默不作为不能直接得出同意的结论。在双方对合同变更的内容约定不能得出明确的结论时,应对其作出未予变更的推定。因此,依据《民法典》第 544 条的规定,B 公司增加宣发费的要求对 A 公司并无约束力。所以如果一方当事人要求变更合同,对方虽然未反对,但也没有明确表示同意,或者没有以其行为表示同意,亦即沉默,不能认定对方当事人同意该变更。同样的类案观点也体现在天津市元通房地产开发公司与天津市新华制衣总厂返还财产纠纷的再审案件中,最高人民法院认为,只有在法律有明确规定的情况下,默示才能产生相应的法律效力,虽然一方当事人有间接证据证明对方已经知道变更合同的情况,但对方当事人既未用语言或文字明确表示同意,又未用行为表示同意的,则不能直接认定对方已经同意变更合同的内容。

典型案例分析(二)

基本案情

封某与重庆市 S 畜产品开发有限公司债权转让合同纠纷上诉案——(2019)渝 05 民终 5421 号。S 公司法定代表人于 2016 年 9 月 23 日前系廖某。第三人 C 公司前身为重庆市锦江区某建筑劳务有限公司(以下简称 Y 公司),封某系监事。2014 年 10 月 30 日,Y 公司召开股东会议,决议公司整体转让;2014 年 11 月 11 日,Y 公司召开新股东会会议,决议修改公司章程,选举谭某为公司执行董事、谭某某为公司监事、原股东职务全部免除,公司名称变更为 Y 公司;次日,工商行政管理部门经审查后对公司名称、住所、法定代表人进行了相应变更登记,法定代表人为谭某。

2012 年 8 月 26 日,S 公司(甲方)与 Y 公司(乙方)签订了建筑工程承包合同,约定 S 公司将其位于重庆市一地区的厂房、办公楼、水池等建设工程以包工包料的形式承包给 Y 公司施工。工程竣工后,双方进行了验收和结算。2014 年 1 月 8 日,S 公司出具工程结算清单,载明"重庆市 Y 建筑劳务有限公司于 2012 年 8 月 26 日与 S 公司签订承建厂房等基建工程于 2013 年 5 月底全部竣工,经双方现场管理人员验收(附双方收方清单并签字),合计工程总价款为 937231 元,甲方先后已付给乙方工程款 70.8 万元,下欠 139231 元。甲方承诺欠款于 2014 年 12 月前支付最少 3 万,余款于 2015 年 12 月底前全部付清,超过上述付款时间,甲方按月息 2% 支付给乙方利息。欠款单位:重庆 S 畜产品开发有限公司;法定代表人:廖某(加盖 S 公司印章);出具时间:2014 年 1 月 8 日"。该工程结算清单一直由封某执掌。2016 年 7 月 5 日,廖某在工程结算清单下方签注"此工程款延期至 2016 年

12 月 30 日"。2016 年 12 月 30 日,廖某又在工程结算清单下方签注"此付款协议延期至 2017 年 6 月"。

2018 年 12 月 18 日,封某自制了债权转让合同,通过他人向第三人 C 公司的法定代表人谭某说情,由谭某在债权转让合同上加盖了 C 公司的印章。该债权转让合同载明的转让事项为"甲方(即本案第三人 C 公司)将重庆市 S 畜产品生产厂房和附属设施劳务施工和代购原材料的债权——金额392308 元(其中:本金 229231 元;利息 163077 元)转让给乙方(即本案封某)所有和收取"。2019 年 1 月 30 日,封某向法院提起诉讼。

案例评析

1.债权转让应当以实际存在的合法债权为限。当事人享有自愿订立合同的权力,他人不得非法干预。依法成立的合同,对当事人具有法律约束力,当事人应当按照合同约定的条款履行自己的义务,不得擅自变更和解除合同。

2012 年 8 月 26 日,S 公司(甲方)与 Y 公司(乙方)签订了建筑工程承包合同。2014 年 1 月 8 日,S 公司出具工程结算清单,载明欠款本金为139231 元。该本金金额与 2018 年 10 月 25 日封某向一审法院起诉 S 公司支付工程款 229231 元、2018 年 12 月 18 日第三人 C 公司与封某签订债权转让合同中载明的欠款本金 229231 元相差 9 万元。结合 S 公司的陈述,即双方结算时约定 C 公司应当赔偿 S 公司相关损失 9 万元,赔偿款在工程款中抵扣,二审法院确认 C 公司对 S 公司的债权金额为 139231 元。S 公司并未按照双方约定在 2014 年 12 月前支付 3 万元,故 S 公司应向 C 公司支付逾期付款利息,即以 3 万元为基数,从 2015 年 1 月 1 日至 2015 年 12 月 31日按月利率 2% 支付利息。S 公司没有在 2015 年 12 月前支付 109231 元,故 S 公司应向 C 公司支付逾期付款利息,即以 139231 元为基数,从 2016 年1 月 1 日起按月利率 2% 支付利息至本金付清时止。C 公司有权对其享有的合法债权进行转让,但超出其合法债权部分无效。

2.债权人转让债权未通知债务人对债务人不发生效力。《民法典》第546 条规定,债权人转让债权未通知债务人的,该转让对债务人不发生效力。

法律规定的债权转让通知行为人,可以是债权转让人,也可以是受让人履行通知义务,即应以债务人是否知晓债权转让事实作为认定债权转让通知法律效力之关键。

本案中,C公司在诉讼中明确表示其没有向S公司发过转让债权的通知或者作过说明,在债权转让合同上盖章是错误的,其不想向封某、S公司任何一方表达自己的意见,但表明,封某作为案涉项目的实际施工人,双方签订过内部承包协议及建筑工程承包合同,C公司向封某转让案涉项目的余下债权符合常情常理。2018年12月18日,第三人C公司与封某签订债权转让合同,该合同约定没有违反法律禁止性规定,对双方当事人有约束力。但该转让合同载明的本金及利息支付与实际结算不符,按照工程结算清单确认C公司对S公司的债权金额为139231元及相应利息,对符合法律规定的债权转让部分予以支持,对于超出部分依法予以驳回。

本案查明的事实不能证实起诉前债权转让合同已经合法送达债务人S公司,故在有效送达前对债务人S公司不发生法律效力,但在债权转让通知未送达S公司前,并不影响债权受让人封某取得受让债权。因债权受让人封某于2019年1月25日向一审法院起诉S公司,并借助人民法院送达起诉状向债务人S公司送达债权转让通知,可以发生通知转让之法律效力。C公司转让债权给封某,受让人封某在本案中以起诉方式送达债权转让通知,具备通知债务人S公司的法律效力。

相关法律规则

中华人民共和国民法典

第五百四十三条 当事人协商一致,可以变更合同。

第五百四十四条 当事人对合同变更的内容约定不明确的,推定为未变更。

第五百四十五条 债权人可以将债权的全部或者部分转让给第三人,但是有下列情形之一的除外:

(一)根据债权性质不得转让;

(二)按照当事人约定不得转让;

(三)依照法律规定不得转让。

当事人约定非金钱债权不得转让的,不得对抗善意第三人。当事人约定金钱债权不得转让的,不得对抗第三人。

第五百四十六条　债权人转让债权,未通知债务人的,该转让对债务人不发生效力。

债权转让的通知不得撤销,但是经受让人同意的除外。

第五百四十七条　债权人转让债权的,受让人取得与债权有关的从权利,但是该从权利专属于债权人自身的除外。

受让人取得从权利不应该从权利未办理转移登记手续或者未转移占有而受到影响。

第五百四十八条　债务人接到债权转让通知后,债务人对让与人的抗辩,可以向受让人主张。

第五百四十九条　有下列情形之一的,债务人可以向受让人主张抵销:

(一)债务人接到债权转让通知时,债务人对让与人享有债权,且债务人的债权先于转让的债权到期或者同时到期;

(二)债务人的债权与转让的债权是基于同一合同产生。

第五百五十条　因债权转让增加的履行费用,由让与人负担。

第五百五十一条　债务人将债务的全部或者部分转移给第三人的,应当经债权人同意。

债务人或者第三人可以催告债权人在合理期限内予以同意,债权人未作表示的,视为不同意。

第五百五十二条　第三人与债务人约定加入债务并通知债权人,或者第三人向债权人表示愿意加入债务,债权人未在合理期限内明确拒绝的,债权人可以请求第三人在其愿意承担的债务范围内和债务人承担连带债务。

第五百五十三条　债务人转移债务的,新债务人可以主张原债务人对债权人的抗辩;原债务人对债权人享有债权的,新债务人不得向债权人主张抵销。

第五百五十四条　债务人转移债务的,新债务人应当承担与主债务有关的从债务,但是该从债务专属于原债务人自身的除外。

第五百五十五条　当事人一方经对方同意,可以将自己在合同中的权利和义务一并转让给第三人。

第五百五十六条　合同的权利和义务一并转让的,适用债权转让、债务转移的有关规定。

最高人民法院关于适用《中华人民共和国民法典》
合同编通则若干问题的解释

第四十七条 债权转让后,债务人向受让人主张其对让与人的抗辩的,人民法院可以追加让与人为第三人。

债务转移后,新债务人主张原债务人对债权人的抗辩的,人民法院可以追加原债务人为第三人。

当事人一方将合同权利义务一并转让后,对方就合同权利义务向受让人主张抗辩或者受让人就合同权利义务向对方主张抗辩的,人民法院可以追加让与人为第三人。

第四十八条 债务人在接到债权转让通知前已经向让与人履行,受让人请求债务人履行的,人民法院不予支持;债务人接到债权转让通知后仍然向让与人履行,受让人请求债务人履行的,人民法院应予支持。

让与人未通知债务人,受让人直接起诉债务人请求履行债务,人民法院经审理确认债权转让事实的,应当认定债权转让自起诉状副本送达时对债务人发生效力。债务人主张因未通知而给其增加的费用或者造成的损失从认定的债权数额中扣除的,人民法院依法予以支持。

第四十九条 债务人接到债权转让通知后,让与人以债权转让合同不成立、无效、被撤销或者确定不发生效力为由请求债务人向其履行的,人民法院不予支持。但是,该债权转让通知被依法撤销的除外。

受让人基于债务人对债权真实存在的确认受让债权后,债务人又以该债权不存在为由拒绝向受让人履行的,人民法院不予支持。但是,受让人知道或者应当知道该债权不存在的除外。

第五十条 让与人将同一债权转让给两个以上受让人,债务人以已经向最先通知的受让人履行为由主张其不再履行债务的,人民法院应予支持。债务人明知接受履行的受让人不是最先通知的受让人,最先通知的受让人请求债务人继续履行债务或者依据债权转让协议请求让与人承担违约责任的,人民法院应予支持;最先通知的受让人请求接受履行的受让人返还其接受的财产的,人民法院不予支持,但是接受履行的受让人明知该债权在其受让前已经转让给其他受让人的除外。

前款所称最先通知的受让人,是指最先到达债务人的转让通知中载明的受让人。当事人之间对通知到达时间有争议的,人民法院应当结合通知的方式等因素综合判断,而不能仅根据债务人认可的通知时间或者通知记载的时间予以认定。当事人采用邮寄、通讯电子系统等方式发出通知的,人民法院应当以邮戳时间或者通讯电子系统记载的时间等作为认定通知到达时间的依据。

第五十一条 第三人加入债务并与债务人约定了追偿权,其履行债务后主张向债务人追偿的,人民法院应予支持;没有约定追偿权,第三人依照民法典关于不当得利等的规定,在其已经向债权人履行债务的范围内请求债务人向其履行的,人民法院应予支持,但是第三人知道或者应当知道加入债务会损害债务人利益的除外。

债务人就其对债权人享有的抗辩向加入债务的第三人主张的,人民法院应予支持。

思考题

1.简述合同变更的效力,并分析在合同变更中如何防范内容不明确的风险。

2.探讨债权转让的生效条件及其对债务人的法律效力,结合实际案例说明其重要性。

3.分析债务承担的类型及其各自的法律效力,举例说明在实务操作中的应用。

客观题扫码自测

第七章 企业合同终止管理

合同权利义务的终止作为"契约必须严守"原则的例外,一直是企业合同管理的重要部分。立法层面结合企业实际商业操作,设置了清偿、解除、抵销、提存、免除、混同等具体机制,用来规范企业合同的终止。企业应从各类合同终止机制的前提条件、适用程序、机制效力等方面来加深对合同终止管理相关知识的理解和应用,注意合同终止通用的法条规定与具体有名合同多样化的特殊规定。同时,企业需要通过实际案例的模拟操作,将理论知识与实践操作相结合,融合效率与合法双重价值的考量。企业在遵守法律底线的前提下,应考虑自身商业上的规划与利益,以更好地应对合同风险,维护企业合法权益,保障市场交易安全。

第一节 合同终止的原因和效力

一、合同终止的原因及分类

合同终止,又称为合同消灭,是指因为发生一定的法律规定或当事人约定的情况,使合同当事人之间的债权债务消灭,合同之债的法律关系也随之消灭,合同的法律效力终止。合同作为达成某种目的的合法工具,必然终结于预定目的的实现或无法实现。《民法典》第557条为合同债权债务终止设置了几类情况,包括了清偿、抵销、提存、免除、混同等情形。

根据合同终止原因的不同,将合同终止分为以下几类:

（一）基于合同目的达成的终止

合同目的达成是合同终止最为正当的原因。合同订立的目的就是使债权人的利益得到满足，合同当事人之间可通过清偿、提存等方式使合同目的达成。一旦债权得以实现，合同即告终止。

（二）基于当事人意思的终止

根据合同意思自治原则，合同当事人之间的权利义务关系可依当事人的意思表示而终止。意思表示可以是一方当事人的意思表示，如债务免除或抵销；也可以是双方当事人的意思表示，如合同的协议解除。

（三）基于法律规定的终止

在法律直接规定合同终止情形时，合同可以依据该规定归于终止，如合同的法定解除、法人的终止等都属于基于法律的直接规定而终止的情形。

二、合同终止的效力

（一）合同权利义务消灭

债权人不再享有债权，债务人也不再承担债务。

（二）债权的从属权利消灭

债权的从属权利消灭，但是法律另有规定或者当事人另有约定的除外。根据《民法典》第 393 条第 1 款的规定，主债权消灭时，担保物权消失。同时，由《民法典》第 681 条的规定可知，当债务人履行债务时，保证也随之消失。依据《民法典》第 585 条的规定，当事人可作违约金之约定，但如债务人依约履行合同，违约金之从属权利也当然消灭。综上，所谓从属权利，指的是担保物权、保证债权、违约金债权、利息债权等，当合同关系消灭时，上述权利也消灭。

（三）附随义务的产生

债权债务终止后，当事人应当遵循诚实信用等原则，根据交易习惯履行通知、协助、保密、旧物回收等义务。

（四）债权证书的返还和涂销

债权证书是债权成立或债务人承担债务的凭证。若合同关系全部消灭，债务人可请求返还或涂销债权证书；若合同关系部分消灭，债务人可请求将合同部分消灭事由记入债权证书。债权人主张不能返还的，债务人可请求债权人出具合同消灭的凭证。

第二节　合同终止的实务操作

一、清偿

清偿是指依据债之目的实现债之内容,致使债之关系(合同)消灭的行为。债务人按照合同约定履行债务,配合债权人实现债权目的。企业合同一经清偿,即实现债权客体的给付,并且债权人成功受领时,债权即因达到目的而消灭。清偿使得合同权利义务正常消灭,也是企业合同中最为常见、主流的消灭债权债务的行为。

履行和清偿在德文中共用一个单词,但从我国合同法领域看来,两者虽然实际意义相同,但指代不同的效果。合同履行更具具体、动态的意义,指代债务人实际给付债权标的物的行为。合同清偿则通常在合同权利义务终止方面被提及,指代合同履行的效果,即债的消灭,是合同适当履行后的结果。在此意义上,如企业合同的履行行为未达到债权债务消灭的效果,便不是适当履行,并未清偿。企业在合同的清偿中也应遵循诚实信用原则,积极促成合同权利的正常实现与义务的有效完成。关于更多合同清偿的具体内容可参考本书第五章。

二、合同解除

合同解除是指合同当事人一方或者双方依照法律规定或者当事人的约定,依法解除合同效力的行为。合同解除是合同权利义务终止的众多原因之一。合同的解除需要尊重当事人的意思自治,但为了维护良好的合同秩序,法律也对合同解除作出一定的限制,当解除条件具备时,才能使合同权利义务终止。

(一)合同解除的主要类型

1.单方解除与协议解除

合同解除根据是否需要双方还是单方的意思表示,分为单方解除与协议解除。单方解除,是指解除权人不必经过对方当事人的同意,而单方行使解除权将合同解除的行为。在单方解除中,享有合同解除权的一方将解除合同的意思表示直接通知对方,或经过人民法院或仲裁机构向对方主张,即可发生合同解除的效果。协议解除,是指当事人双方通过协商同意解除合同的行为,不以解除权的存在为必要,解除行为也不是解除权的行使。

2.法定解除与约定解除

在单方解除中,根据解除条件的设定,又可分为法定解除与约定解除。法定解除,是指合同解除的条件由法律直接加以规定。在法定解除中,有的以适用于所有合同的条件为解除条件,有的则仅以适用于特定合同的条件为解除条件。前者为一般法定解除,后者称为特别法定解除。约定解除,是指当事人以合同形式,约定为一方或双方保留解除权的解除。其中,保留解除权的合意,称为解约条款。解除权可以保留给当事人一方,也可以保留给当事人双方。保留解除权,可以在当事人订立合同时约定,也可以在以后另订立保留解除权的合同。

(二)合同解除的法律特征

首先,合同解除大多以有效成立的合同为标的。合同的解除是为了解决合同成立生效后却履行不能的困境,若坚持让此类合同继续履行则可能给合同当事人带来利益损失,造成资源浪费,甚至阻碍市场经济的顺利发展,只有有条件地赋予当事人或法院解除合同的权利,才能够解决合同僵局的问题。合同解除作为合同权利义务终止的一种方式,有别于合同无效、合同撤销等机制,其最大区别就在于合同解除以有效成立的合同为标的。

其次,合同解除必须具备法定或约定解除的条件。合同一经有效成立,就具有法律效力,出于诚实信用原则,当事人双方都必须严格遵守,适当履行,不得擅自变更或解除。但在例外情况下,合同的继续履行已经失去了积极意义,反而会拖累合同当事人乃至市场经济的发展,法律对这个困境作出了特殊的解除条件,即表明合同的解除必须具备一定的条件。否则,只能产生合同违约责任,而不发生合同解除的效果。

再次,合同解除原则上必须有解除行为。合同解除的条件只是合同解除的前提,由于中国法律并未采取当然解除主义,因此当解除的条件具备时,合同并不必然解除,欲使它解除,一般还需要有解除行为。[①] 解除行为是合同当事人的行为,有两种类型,一是当事人双方协商同意,一是解除权人一方发出解除的意思表示,分别构成了协议解除和单方解除。在例外情况下,因情势变更而由法院根据具体情况裁决合同解除时,则不需要当事人的解除行为。

---

① 参见崔建远主编:《合同法》,法律出版社 2024 年第 8 版,第 178 页。

最后,合同解除的效果是使合同关系消灭。合同解除的法律效果是使合同关系消灭,但其消灭是溯及既往还是仅向将来发生,各国的立法不尽相同。一类是使合同关系自始消灭,即溯及合同成立之时消灭,发生与合同从未订立相同的后果,承认合同解除有溯及力;另一类是使合同关系自解除时消灭,解除以前的债权债务关系依然存在,不承认解除有溯及力。关于合同解除的溯及力问题将在下文部分具体说明。

(三)合同解除的条件

1.协议解除的条件

合同协议解除是双方当事人协商一致解除原合同关系,其实质是在原合同当事人之间重新成立了一个以废弃原合同关系为内容的新合同,使双方基于原合同发生的债权债务归于消灭,与当事人是否拥有解除权无关。协议解除的条件与合同生效条件相似,要求双方当事人都具有相应的行为能力,对解除合同有真实意思表示,且该合同解除不会违反法律、行政法规的强制性规定,不违背公序良俗,并且解除的形式合理适当。

2.约定解除的条件

约定解除与协议解除相似,其解除需要合同当事人的意思一致,但也存在不同。约定解除前提是以合同的方式约定了当事人一方或双方享有解除权。

3.法定解除的条件

《民法典》第563条规定了当事人可以解除合同的法定情形。一是,因不可抗力致使不能实现合同目的。不可抗力通常是指不能预见、不能避免且不能克服的客观情况,一般包括自然灾害类、政治事件或政策改变等。仅出现不可抗力不能导致合同解除,只有不可抗力使合同目的不能实现、使合同失去意义时,当事人才能主张解除合同。二是,拒绝履行。拒绝履行是指在履行期限届满之前,当事人一方明确表示或者以自己的行为表明不履行主要债务,即通过明示或默示的拒绝履行行为来表示毁约的意思,并且没有合法理由。债务人拒绝履行,债权人无须经催告,可直接解除合同。三是,迟延履行。迟延履行具体是指当事人一方迟延履行合同主要义务,经催告后仍未履行。债务人的迟延履行即使已经影响了合同目的的正常实现,但原则上不允许当事人立即解除合同,而应由债权人向债务人发出履行催告,给予一定的履行宽限期。债务人在该履行宽限期届满时仍未履行的,债权人才有权解除合同。四是,债务人的不完全履行导致合同目的难以实现。

具体表现为当事人一方迟延履行债务或者有其他违约行为致使不能实现合同目的,或者债务人虽然履行了债务,但其标的物出现质和量方面的问题,致使合同目的难以实现。例如,质的不完全履行,标的物在品种、规格、型号等质量方面不符合法律的规定或合同的约定又或者存在隐蔽缺陷;量的不完全履行,标的物的数量有所短缺,不足以满足债权人的需求。在不完全履行的情况下,债权人通常应给予债务人一定的宽限期,来弥补其履行不足。如果在期限内仍未消除缺陷或另行给付,债权人可解除合同。五是,法律规定的其他情形。为了应对合同发展的灵活多变性,法律规定了兜底条款,同时针对某些具体合同还规定了特别法定解除条件。

　　除当事人能够享有的合同主动解除权,法律还赋予人民法院或仲裁机构解除合同的权利,即由于情势变更原则而解除合同的规定。根据《民法典》第 533 条的规定,合同成立后,合同的基础条件发生了当事人在订立合同时无法预见的、不属于商业风险的重大变化,继续履行合同对于当事人一方明显不公平的,受不利影响的当事人可以与对方重新协商;在合理期限内协商不成的,当事人可以请求人民法院或者仲裁机构变更或者解除合同。人民法院或者仲裁机构应当结合案件的实际情况,根据公平原则变更或者解除合同。这种机制针对不可抗力的影响并未达到不能履行、合同目的无法实现的严重程度,客观上可以继续履行,但继续履行会对合同一方明显不公平的情况,帮助合同当事人进一步控制、减少合同履行中的损失,为其提供了有效的制度保障。

　　(四)合同解除的程序

　　1.协议解除的程序

　　协议解除是指当事人双方通过协商同意将合同解除的行为,其实质是在原合同当事人之间重新成立了一个以废弃原合同关系为内容的新合同。因此当事人不以解除权的存在为必要,解除行为也不是解除权的行使。协议解除的程序与合同成立生效的程序相似,需要当事人之间的要约与承诺。要约的内容包括了消灭既存的合同关系,对已经履行的合同部分是否有追溯力,责任如何分配等。对应的另一方需要出于真实意思作出承诺,同意要约的意思表示。如双方同意解除合同,但对后续的结算、清理等问题未达成一致,除当事人另有约定外,不影响解除的效果。同时,即使当事人不符合解除权的行使条件,但另一方仍同意解除合同的,也可以认定合同解除。

2.单方解除的程序

在单方解除合同中,无论是约定解除还是法定解除,前提是当事人享有有效的解除权。解除权作为一种典型的形成权在被使用时,只需要享有解除权人的单方意思表示,即可发生合同解除的法律效果。但其行使程序仍需要遵守明确的法律规定。

首先,行使解除权的一方应通知合同相对方。根据《民法典》第565条的规定,当事人一方依法主张解除合同的,应当通知对方,合同自通知到达对方时解除。同时对设有宽限期的合同,规定通知载明债务人在一定期限内不履行债务则合同自动解除,债务人在该期限内未履行债务的,合同自通知载明的期限届满时解除。通知一般可以采用书面形式或口头形式,企业在实践中应优先选择更为正式的书面通知。同时,在个别情况下,法律规定解除权的行使还可以采取默示推定的方式。例如,《企业破产法》第18条规定,人民法院受理破产申请后,管理人对破产申请受理前成立而债务人和对方当事人均未履行完毕的合同有权决定解除或者继续履行,并通知对方当事人。管理人自破产申请受理之日起两个月内未通知对方当事人,或者自收到对方当事人催告之日起30日内未答复的,视为解除合同。根据《民法典》第565条的规定,当事人还可以采取诉讼方式来行使合同解除权,当事人可以直接以提起诉讼或者申请仲裁的方式依法主张解除合同,人民法院或者仲裁机构确认该主张的,合同自起诉状副本或者仲裁申请书副本送达对方时解除。

其次,解除权的行使须及时。合同解除权属于形成权,具有相应的除斥期间。该除斥期间可由法律规定或者当事人之间约定,期限届满当事人不行使解除权的,该权利消灭。同时《民法典》第564条规定,法律没有规定或者当事人没有约定解除权行使期限,自解除权人知道或者应当知道解除事由之日起1年内不行使,或者经对方催告后在合理期限内不行使的,该权利消灭。

再次,一方解除合同的通知到达对方后,对方不同意解除合同的,可向法院起诉或依据仲裁协议向仲裁机构提出申请,请求确认解除合同的效力。异议应当在一定期限内提出。

最后,法律、行政法规规定解除合同应当办理批准、记手续的,当事人还须遵守特别程序的规定。

3.法院裁定解除的程序

法院裁定解除适用于因情势变更而解除合同的情况,具体是由法院根据案件的具体情况作出裁决,无须当事人的解除行为。

(五)合同解除后的效力

合同解除有溯及力是指解除使合同关系溯及既往地消灭,合同如同自始未成立。合同解除无溯及力,是指合同解除仅仅使合同关系向将来消灭,解除之前的合同关系仍然有效。目前,学界主流观点认为,非继续性合同的解除原则上有溯及力,继续性合同的解除原则上无溯及力。对于无溯及力的合同解除,在其解除前合同关系仍然有效,只是自合同解除之时起尚未履行的债务被免除。至此,容易造成双方在各自义务的履行上数量不对等的情况,对于给付人在合同解除后仍未取得给付物的所有权的问题,应当运用不当得利的规定,由受领人将其多得的利益按不当得利加以返还。对于有溯及力的合同解除,恢复原状是有溯及力的解除所具有的直接效力,是双方当事人基于合同发生的债务全部免除的必然结果。当基于合同发生的债权债务关系全部溯及地消灭时,当事人之间当然恢复原状。

同时根据《民法典》第 566 条的规定,合同协议解除可以与损害赔偿并存。损害赔偿责任的范围包括:对方订立合同所支出的必要费用;因信任合同能适当履行而做准备所支付的必要费用;合同解除后需对方返还给付物时,对方因此支出的必要费用;合同解除需要责任方返还给付物,责任方却拒绝返还时,对方因此遭受的损失。如当事人有损赔偿的约定时,则依其约定,最大程度地尊重当事人之间的利益。如当事人之间并无规定赔偿数额,但对于合同协议的解除,双方均无过错,此时为了公平与继续合作的考量,双方的赔偿数额可以适当减少。因第三人的过错行为造成合同不能履行因而解除时,基于合同相对性原则,债务人仍应该向对方当事人承担赔偿责任。同时债务人因此受到的损失,应视为由第三人的过错行为所致,进而有权向第三人追偿。以此体现的过错责任原则既能惩罚过错第三人,又使得合同债权人与债务人之间的利益关系得到平衡,符合公平原则的精神。

合同约定有违约金条款,合同解除无论有无溯及力,该违约金条款不因解除而受影响。关于合同解除后担保制度的效力,原则上担保责任仍存在。担保人与债务人之间的意思自治优先,如无相关的约定,则根据《民法典》第566 条第 3 款的规定,主合同解除后,担保人对债务人应当承担的民事责任仍应当承担担保责任,但是担保合同另有约定的除外。

三、抵销

抵销是指合同双方互负债务且给付种类相同时,各以其债权充当债务之清偿,而使其债务与相对人的债务在对等额内相互消灭的一种合同权利义务终止机制。抵销机制依产生的根据不同,可分为法定抵销与约定抵销。法定抵销是指依据法律规定以当事人一方的意思表示所作的抵销。约定抵销是指当事人协商一致时,双方的债权债务按对等数额消灭的抵销方式。约定抵销作为当事人意思自治的具体体现,法律不应禁止。抵消机制除了消灭债务、实现债权的基本功能以外,还能够提高合同双方履行债务时的效率,避免分别履行债务所带来的不便及不公平,最大程度上节约了履行费用,降低交易成本。抵销还具有担保功能,当合同双方互负债务而一方不履行债务时,另一方也可以通过主张抵销,确保在对等额度内实现自己的债权。

(一)抵销的要件
1.法定抵销必须遵守法定要件

首先,合同双方当事人须互负债务、互享债权。抵销以在对等额内使双方债权消灭为目的,须以双方互享债权为必要前提。只有当事人双方相互存在两个合法的债权债务,才能够产生抵销权。就主动债权而言,必须有请求权存在,请求力被排除的不完全债权,不得作为主动债权而主张抵销。[①]一般情况下,第三人的债权,即使取得该第三人的同意,也不能以之为抵销。其次,双方债务的标的物的种类、品质须相同。法定抵销需要最大限度满足合同当事人债权的公平实现,因此,法定抵销的标的物的种类、品质相同,至于标的物的数额是否一致,则在所不问。由于法定抵销对标的物的特殊要求,使得其适合适用于种类之债,尤其是货币之债。再次,须自动债权已届清偿期。在抵销中,用作抵销的债权称为自动债权或主动债权,被抵销的债权称为被动债权。通常情况下,为了保护债务人的期限利益,主动债权人通常只能在清偿期届至时,才能请求抵销。在自动债权未确定清偿期的情况下,主动债权人也应给债务人留有宽限期,宽限期满后即可抵销。尽管《民法典》要求双方的债权均届履行期,但因债务人有权抛弃期限利益,在无相反的规定或约定时,债务人可以在清偿期前履行债务。最后,双方债务均须

---

① 参见史尚宽:《债法总论》,台北荣泰印书馆股份有限公司 1978 年第 5 版,第826页。

为可抵销的债务。债务的性质须适合抵销,如果互相抵销违反债的本旨,或不符合给付目的,就属于根据债务的性质不得抵销的债务。根据债务性质、按照当事人约定或者依照法律规定不得抵销的债务,则不适用抵销机制。例如需要债务人以劳动行为作为债务的,具有特定的人身性质的合同,在现实生活中,其抵销难以实现当事人的合同目的,则不可适用抵销机制。

相较于法定抵销,约定抵销的适用范围更加宽松。约定抵销的发生条件、法律后果均须遵从当事人的约定,双方的抵销协议只须满足合同的成立及生效要件即可,不受法定抵销的限制。只需要当事人之间互负债务,即使标的物种类、品质不相同的,经过协商达成一致,也可以抵销。

(二)抵销的效力

法定抵销依一方的意思表示即可发生效力,无须对方的同意,但主张抵销的当事人应当通知对方当事人,抵销在通知到达对方时发生效力。通知的形式并未有法律规定,但企业合同抵销应优先采取书面通知。通知到达对方时抵销生效,产生相应债权债务消灭的效果。自此时起,就消灭的债务不再发生支付利息的债务。同时,债务人也不承担迟延履行的责任,违约金债务亦消失。对于部分连带债务人抵销债务的,其他债务人对债务人的债务在相应范围内消灭,该债务人再依据规定向其他债务人追偿。

抵销发生后,双方当事人互负债务在相应数额内消灭。在约定抵销中,双方当事人可以就抵销的具体数额作出约定。在法定抵消中,双方抵销数额应相等同,且该债务数额是包括自抵销生效时的主债权、利息、违约金及赔偿金在内的全部债务数额。当双方所负债务额不等时,债务数额小的一方的债务消灭,债务数额大的一方的债务部分消灭,债务人对未消灭的债务部分仍负清偿义务。主动债权人不能超过自己的债权额而获得满足,一方的债权额大于对方的债权额时,前者仅消灭一部分债权额,残存的债权仍然存续。对于残存的债权,诉讼时效期间也须从其履行期限届满的次日起重新计算。

四、提存

提存是指由于法律规定的原因债务人难以向债权人履行债务时,债务人将标的物交给提存部门而消灭债务的制度。债务人将无法交付债权人的标的物交付提存部门,以此作为债务履行的替代行为。提存机制能够帮助债务人及时消灭债务,是保护其利益和促进商事活动效率的重要合同权利义务终止机制。我国法律设有清偿提存与担保提存,在合同权利义务终止中,我们主要探讨债务人通过将标的物提存,从而从债之关系中获得解脱,使债务消灭的清偿提存机制。

提存涉及三方法律关系,并同时具有公法关系与私法关系上的法律因素。提存的当事人为提存人、提存受领人与提存部门,提存人为合同债务人,而提存受领人是指合同债权人。在我国,提存部门指的是公证处。《提存公证规则》第2条规定公证处为提存部门,第4条也规定提存公证由债务履行地的公证处管辖。以担保为目的的提存公证或在债务履行地申办提存公证有困难的,可由担保人住所地或债务人住所地的公证处管辖。提存部门由国家法律规定设置,提存程序中也需要以提存部门为中介,债务人与债权人都遵循具体的程序规定向其办理债务标的物提存与受领,因此提存具有公法关系因素。同时,提存涉及债务人与债权人之间的债的关系,也因此具有私法关系因素。

(一)提存的条件

企业如需要运用提存来消灭债务,必须具备以下三个条件:

首先,债务人须存在法定提存事由,主要是《民法典》第570条的相关规定。一是,债权人无正当理由而拒绝受领。债务的顺利履行通常需要债权人的积极配合,而债权人消极或积极地无正当理由不配合债务人履行债务,则会使债务履行困难,损害债务人的合法权益,因此需要提存机制予以救济。二是,债权人下落不明。其具体包括债权人不清、地址不详,债权人失踪又无代管人等情况,使得债务人在客观情况上难以适当履行债务,难以达成合同目的。为了保护债务人合法权益、提高经营活动的效率,允许债务人适用提存机制。三是,债权人死亡未确定继承人、遗产管理人,或者丧失行为能力又未确定监护人。在该情况下,债务人面临着失去原本债务受领人,合同具有一定程度的不确定性,甚至履行了债务也达不到合同目的的困境。法律有必要允许债务人适用提存,以便化解困境。四是,法律规定的其他情形。主要体现在具体的合同适用中,例如《民法典》第529条规定,债权人分立、合并或者变更住所没有通知债务人,致使履行债务发生困难的,债务人可以中止履行或者将标的物提存。《民法典》第837条规定,货运合同的履行中,收货人不明或者收货人无正当理由拒绝受领货物的,承运人依法可以提存货物。《民法典》第916条规定,仓储合同的履行中,储存期限届满,存货人或者仓单持有人不提取仓储物的,保管人可以催告其在合理期限内提取;逾期不提取的,保管人可以提存仓储物。

其次,债务人提存的标的物适宜提存。提存的标的物,是指债务人依照合同约定应当交付的标的物。根据《提存公正规则》的规定,货币、有价证券、票据、提单、权利证书、贵重物品、担保物(金)或其替代物等其他适宜提存的标的物可以提存。标的物是否适宜提存,可以从其本身性质或提存程序要求上来判断。具有时效性、危险性的标的物则不适宜提存,包括生鲜食品、爆裂物、化学品、药品等容易毁损、灭失的物品。如标的物的提存程序费用过高,提存费用与所提存的标的物价额不成正比,也不宜适用提存。例如大型的机械设备、需要特殊人工照顾的动物等。某些情况下,标的物不适于提存的,债务人依法可以拍卖或者变卖标的物,提存所得的价款。

最后,债务人须满足法定提存程序要求。提存具有一定公法关系因素,因此也须遵守相关法定程序规定。提存人应在交付提存物的同时,向提存部门提交申请书,提存部门经过审核,认为符合提存条件的,决定提存。标的物顺利提存后,债务人还应当及时通知债权人或者债权人的继承人、遗产管理人、监护人、财产代管人。对于提存人,即债务人而言,如难以通知债权人提存事宜的,提存部门应在适当时间内以书面形式通知提存受领人,告知其领取提存物的时间、期限、地点和方法。提存受领人不清或下落不明、地址不详无法送达通知的,提存部门应当以适时公告的方式通知,以积极促成提存标的物的顺利受领。债权人受领提存物的权利具有一定的除斥期限,权利如一直未行使而消失后,提存物扣除提存费用后归国家所有。如债权人对债务人负有到期债务的,在债权人未履行债务或者提供担保之前,提存部门根据债务人的要求应当拒绝其领取提存物。同时债权人未履行对债务人的到期债务,或者债权人向提存部门书面表示放弃领取提存物权利的,债务人可以负担提存费用后有权取回提存物。

(二)提存的效力

1.提存人与提存受领人之间的效力

此处的提存人与提存受领人,即合同关系中的债务人与债权人,两者之间可适用债权人与债务人在合同债务履行后消灭债务的规则。根据《民法典》第571条的规定,提存成立的,视为债务人在其提存范围内已经交付标的物。虽然没有直接向债权人交付标的物,但法律上视为交付完成,赋予债务人对债权人交付请求的抗辩权。如部分连带债务人履行、抵销债务或者提存标的物的,其他债务人对债权人的债务在相应范围内消灭,该债务人还可以向其他债务人追偿。如果提存的标的物存在瑕疵,或者提存的标的物与债的标的不符,债权人因此原因拒绝受领提存的标的物的,债务人与债权人之间不成立有效提存,债务仍未消灭。提存后提存人应及时履行必要的通知义务。随着提存,标的物的风险与孳息都将转移至债权人。提存期间毁损、灭失的风险以及标的物的孳息归债权人所有,同时债权人也需要承担对应的提存费用。但同时需要注意,即使提存后,提存人仍有可能取回提存物,提存机制自身并非终局性。提存人取回提存物的,孳息归提存人所有。提存的不动产或其他物品的收益,除用于维护费用外剩余部分则应当存入提存账户。

2.提存人与提存部门之间的效力

提存人即债务人向提存部门成功提存后,提存部门产生了保管提存物的相应义务。提存后,标的物仍有可能被取回,提存是以保护清偿人为目的的制度,只要对于债权人或第三人没有不合适、不利益,就允许提存人取回提存物。[①] 根据《提存公证规则》第 26 条的规定,提存人可以凭人民法院生效的判决、裁定或提存之债已经清偿的公证证明取回提存物。提存人取回提存物的,视为未提存,因此产生的提存费用由提存人承担。提存人未支付提存费用前,公证处则有权留置价值相当的提存标的作为提存期间的保管费用。一般认为,提存人放弃取回权也不得再取回。在与提存部门的关系上,取回具有保管合同解除的性质。[②]

3.提存受领人与提存部门之间的效力

提存受领人,即债权人因债务人的提存行为而对提存部门取得提存物受领请求权。该请求权的性质及范围应与原有的给付请求权相同。正常流程下,提存人向提存部门提存标的物后,提存部门开始为提存受领人提供标的物保管服务,收取提存费用。债权人则可以在缴纳提存费用之后,随时领取提存物。但如果债权人对债务人负有到期债务的,在债权人未履行债务或者提供担保之前,提存部门根据债务人的要求应当拒绝其领取提存物。同时,债权人领取提存物的请求权自提存之日起 5 年内不行使消灭的,提存物扣除提存费用后归国家所有。届时债权人将不能再对提存标的物主张权

---

① 参见[日]於保不二雄:《日本民法债权总论》,庄胜荣校订,郭建译,台北五南图书出版有限公司 1998 年版,第 387～388 页。

② 参见[日]於保不二雄:《日本民法债权总论》,庄胜荣校订,郭建译,台北五南图书出版有限公司 1998 年版,第 389 页。

利。但是,为了保护债务人的相关合法利益,法律增加了例外情况。允许债务人在债权人未履行对债务人的到期债务,或者债权人向提存部门书面表示放弃领取提存物权利的情况下,支付提存费用后取回提存物。

根据《提存公证规则》第 27 条的规定,提存部门对提存标的物具有妥善保管的权利和义务,提存期间,提存物毁损灭失的风险责任由提存受领人负担,但如提存部门因过错造成标的物毁损、灭失的,提存部门则负有赔偿责任。提存部门未按法定或当事人约定条件给付提存标的给当事人造成损失的,负有连带赔偿责任。同时,提存部门不得挪用提存标的物,提存部门及其工作人员挪用提存标的的,除应负相应的赔偿责任外,对直接责任人员要追究行政或刑事责任。如果公民、法人以不正当手段捏造提存受领人身份,骗取提存标的物,同样负有赔偿责任,构成犯罪的,还将被依法追究刑事责任。

五、免除

免除是指债权人以消灭债为目的而向债务人作出放弃债权的行为。企业可以出于利益考虑,主动放弃当前合同中的债权,以免除的方式,终止合同中的权利义务关系。合同免除也具有以下的特点。首先,免除为无因行为。法律对于免除行为的前提原因并无强制规定,尊重企业本身的自由意志,免除行为仅依据企业免除债务的意思表示而发生效力,并不考量背后的利益衡量。其次,免除具有无偿性。作出免除行为即为债权人放弃自身全部或部分的债权,且不因该行为而获利。免除的原因行为可以是有偿或者无偿,但免除行为本身是无偿的。再次,免除为非要式行为。法律对免除行为并未规定强制性的程序要求,企业可以以书面或言词等不特定方式,来以明示或默示的方式向债务人表达免除债务的意思表示。最后,合同债务的成功免除需要征得债务人同意。根据《民法典》第 575 条的规定,债权人免除债务人部分或者全部债务的,债权债务部分或者全部终止,但是债务人在合理期限内拒绝的除外。与其他权益的放弃处分相比,债权的放弃行为更具有特殊性,因此要求有债务人的意愿参与其中。

企业免除行为的具体适用程序是,债权人一方的企业可以以书面或言词等通知方式向债务人发出免除全部或部分债务的意思表示,债务人在合理期限内未拒绝的,即为同意。债权人向第三人作免除的意思表示的,不发生免除的法律效力。免除的意思表示构成法律行为,其具体规定可适用意思表示及法律行为的相关规定。债权人免除债务的意思表示自作出时,则不可撤回,即产生相应债务消失的效果。但如债务人在合理期限内表达了拒绝免除的意思,该免除则无效,债务继续存在。

免除发生债权债务绝对消灭的效力。免除的对象可以是全部债务,也可以是部分债务。债权人仅免除部分的债务的,债务部分消灭;免除全部债务的,债务全部消灭。债权人向连带债务人中的一人免除债务,而无消灭全部债务的意思表示的,除该债务人应分担的部分外,其他债务人仍不免除其责任。债的关系中若存在两个对立的债务,只有一一将它们免除时,才发生全部免除的效力,即合同关系消灭的结果。同时,由于债务的主从关系影响,主债权消灭,从属于债权的担保权利、利息权利、违约金请求权等也随之消灭。主债务被免除的,保证债务随之消灭,但保证债务的免除不影响被担保债务的存在,即保证债务免除的,主债务并不消灭。在债务被全部免除的情况下,有债权证书的,债务人还可以请求返还债权证书。

六、混同

混同是指债权和债务同归于一人,原则上致使债的关系消灭的事实,是合同权利义务终止的独立原因。作为一种事实行为,混同不需要当事人的意思表示,只需要债权与债务归属于同一人的情况,则产生债的关系消灭的后果。债的成立需要有债权人和债务人两个主体,如当事人既为债权人又是债务人,则不符合债的概念。从实际情况而言,自己向自己请求或履行债务也毫无意义。债的混同有广义与狭义之分。广义的混同包括三种情形:所有权与他物权归属于同一人;债权与债务归属于同一人;主债务与保证债务归属于同一人。狭义的混同仅指债权与债务归属于同一人。在企业合同权利义务终止中,混同通常仅指狭义的混同。

混同成立的原因主要有概括承受和特定承受。概括承受是指债权债务概括转移于债权人或者债务人,是混同发生的主要原因。对于企业来说,概括承受的表现形式主要是企业合并,合并前的两个企业之间的债权债务因同归于合并后的企业而消灭。个别经营人之间的继承关系,也可能发生概括承受的效果,例如亲子之间的借款,产生了债权债务关系后,又发生了继承,使得债权债务都归属于继承人。特定承受是指债务人受让债权人的特定债权,或者债权人承担债务人的特定债务时,发生的混同。例如企业经营中,企业与其他商业主体签订转移合同权利的协议,接受另一方的债务,使得一方同时拥有某项相对应的债权和债务，该合同失去存在基础而终止。

概括承受的混同使合同关系及其他债之关系绝对地消灭。在特定承受的情况下，狭义债的关系消灭，未让与债权和与之相对应的债务继续存在，未转让的债务和与之相对应的债权亦然。首先，合同终止债权消灭，债权的从权利如利息债权、违约金债权、担保债权也同时消灭。同时对于连带债务，如部分连带债务人的债务与债权人的债权同归于一人的，在扣除该债务人应当承担的份额后，债权人对其他债务人的债权应继续存在。其次，根据《民法典》576 条但书规定，债权和债务同归于一人的，债权债务终止，但是损害第三人利益的除外。为保护第三人的利益，当债权是他人权利的标的时，债权不能因混同而消灭。最后需要注意的是，因债权的经济作用，逐渐形成独立的财产具有流通性，所以，法律为贯彻债权的流通性，可以设有例外规定，在债权债务归于一人时，不发生混同的效力。例如，保证人继承主债务人的遗产，主债务人与保证债务虽因继承而归于一人，但债权的标的物与债务的担保财产系各自分离独立，保证债务不因混同而消灭。[①]

第三节　合同终止的风险防范

一、注意不可抗力的实际情况

《民法典》第 180 条规定：不可抗力是指不能预见、不能避免并且不能克服的客观情况。通常情况下，不可抗力包含了自然灾害、战争等社会事件、政府行为，无法预见的疾病、传染病等突发情况。

实践中当事人可以通过约定"不可抗力条款"以应对各种突发状况。例如对不可抗力的范围、通知时间、责任分配、后果承担，争议处理等事项进行约定，从而在充分尊重双方意思自治的前提下，保障交易的安全。例如在房屋租赁合同中，对出租方房屋设施等特殊情形约定免责条款。在法定解除中，对不可抗力导致合同目的不能实现从而终止合同的情况，也需要结合实际情况加以考虑。不可抗力致使合同目的不能实现，使该合同失去意义归于消灭。在此情况下，我国合同法允许当事人通过行使解除权的方式消灭合同关系。但不可抗力对合同影响程度不同，其发生并不必然导致合同法

---

① 　参见孙森焱：《民法债编总论》（下册），法律出版社 2006 年版，第 931 页。

定解除权的产生。《民法典》虽明确规定了可以解除合同的几种情形,但是否符合法律规定的情形仍旧需要当事人加以判断。部分不可抗力只会影响合同履行时间或者对合同履行方式产生影响,但并不会使合同目的落空。在这种情况下,即使发生不可抗力事件,当事人也不能解除合同。若此时当事人误认为合同解除条件成就而贸然通知对方当事人解除合同,由此不仅不能产生合同解除的法律效果,还有可能使当事人基于这种误认导致合同的不履行从而承担违约责任。因此,在行使法定合同解除权时,应当审慎判断合同解除条件是否已经成就,进而采取进一步措施。

当事人一方因不可抗力不能履行合同的,根据不可抗力的影响,部分或者全部免除责任,但是法律另有规定的除外。因不可抗力不能履行合同的,应当及时通知对方,以减轻可能给对方造成的损失,并应当在合理期限内提供证明。同时,当事人迟延履行后发生不可抗力的,不免除其违约责任。

二、注意第三人、社会利益的特殊规定

在适用合同终止的具体规定时,要注意合同协议当事人之间关于合同权利义务终止的意思表示真实,并且不得损害第三人、社会的利益。在抵销中,因侵害自然人人身权益,或者故意重大过失侵害他人财产权益产生的损害赔偿债务,侵权人主张抵销的,人民法院不予支持。通过对第三人和社会利益特殊保护的规定来加强对自然人人身权益的保护,打击故意或重大过失的侵权。在解除中,《民法典》也根据现实社会需求,设定了许多特殊合同解除规定。例如为了保护广大善意租房者的权益,《民法典》第725条规定了租赁物在承租人按照租赁合同占有期限内发生所有权变动的,不影响租赁合同的效力,即"买卖不破租赁"规则。

在免除中,企业须注意并非所有债权都可免除抛弃。免除作为债权的处分行为,其客体标的物必须具备可处分性。但为了保障第三人的合法权益又或是社会整体利益,法律也会对债权人抛弃债权的行为作出限制,在尊重债权人意思自治的原则上,设立例外的规定。例如《最高人民法院关于审理建设工程施工合同纠纷案件适用法律问题的解释(一)》规定,发包人与承包人约定放弃或者限制建设工程价款优先受偿权,损害建筑工人利益,发包人根据该约定主张承包人不享有建设工程价款优先受偿权的,人民法院不予支持。建筑工程承包人的优先受偿权的立法本意在于保护建筑工人权

益,如果承包人可以放弃或限制优先受偿权,则违背了该制度的本意,因此放弃或限制优先受偿权的约定或承诺应属无效。类似的第三人权益保障理念在融资租赁合同中也有体现,出租人如免除出卖人的交付义务,承租人的利益将受到损害,因此,不得免除出卖人的义务。又例如,在债权人已经对某债权设定了质权的基础上,不得免除债务人的债务,否则将会损害质权人的合法权益。企业行使债务免除的前提是具有适格当事人资格,即企业作为合同的债权人对该债权有处分权,否则免除效果不能发生。企业若对债权丧失处分权,如受破产宣告,或其债权被法院裁定扣押,或为质权的标的,债权人均不得任意免除。①

典型案例分析

最高人民法院(2012)民一终字第 126 号民事判决书,见《兰州滩尖子永昶商贸有限责任公司等与爱之泰房地产开发有限公司合作开发房地产合同纠纷案》,载《最高人民法院公报》2015 年第 5 期(总第 223 期)"裁判文书选登"。

基本案情

2001 年至 2006 年期间,农垦机电公司、永昶商贸公司与爱之泰公司三家企业为了合作开发建设某大厦项目,签订了多份联建合作协议及补充协议。协议约定,由农垦机电公司、永昶商贸公司负责提供建设大厦所需的土地。爱之泰公司负责工程建设,且案涉项目的报建立项均以爱之泰公司名义进行,各项交费由爱之泰公司承担支付,除土地证在工程前期仍以农垦机电公司名义办理外,其他四证在报建立项过程中均以爱之泰公司名义申领。

但该大厦联建至今,永昶商贸公司、农垦机电公司并未给爱之泰公司办理土地过户手续,致使应由爱之泰公司办理的建设工程审批、规划、施工、预售等许可手续至该工程停工时均未办理,导致在建的银垠大厦形成违章建筑,并得到处罚。爱之泰公司作为联建一方的投资方,不能按约定投入资金,使得在建工程在主体封顶后,被搁置长达 3 年之久,且长期拖欠材料款、工程及民工工资。

---

① 参见黄立:《民法债编总论》,中国政法大学出版社 2002 年版,第 721 页。

农垦机电公司与永昶商贸公司认为爱之泰公司存在明显违约行为,主张解除联建合作的相关合同,并要求爱之泰公司承担一定的违约损失。爱之泰公司则持相反观点,认为因农垦机电公司未办理过户手续,致使后期工程建设受影响,自身并无违约行为。最终本案上诉至最高人民法院。

案例评析

本案的争议焦点为爱之泰公司的行为是否构成根本性违约。永昶商贸公司和农垦机电公司对联建协议及补充协议是否享有法定解除权。

首先,关于爱之泰公司未办理案涉联建项目的报建、规划、施工、预售等手续,致使案涉项目形成违章建筑并受到处罚的主张。关于办理案涉项目各项规划手续是联建三方的共同义务,爱之泰公司负责办理工作,永昶商贸公司和农垦机电公司负责协助,涉案各方对于案涉项目规划手续未能办理均有一定责任。而且,各方对案涉项目先开工后补办手续也是明知并认可的。同时,根据相关行政部门的决定,案涉项目并非根本性违章建筑,可以通过补办相关规划手续使之合法化。因此,爱之泰公司虽然未成功办理规划手续,但并不属于根本性违约导致合同目的不能实现。

其次,关于爱之泰公司未按期交付联建房产的主张。综合全案情况看,爱之泰公司承担了联建项目中的主要工作,并已经履行了大部分合同义务,案涉项目主体工程已经完工。在各方均存在违约的情况下,认定永昶商贸公司和农垦机电公司享有法定解除权,无事实和法律依据,并导致合同双方利益的显著失衡。

在双务合同中,双方均存在违约的情况下,应根据合同义务分配情况、合同履行程度以及各方违约大小等综合考虑合同当事人是否享有解除权。无论合同双方当事人是否约定了合同解除条款,在双方均存在违约的情况下,如一方当事人已经履行了大部分合同义务,尤其是合同目的已基本达成的,若另一方当事人解除合同,应综合考虑合同的履行情况等因素,判断其是否享有解除权。如果另一方当事人解除合同将导致合同双方利益的显著失衡,且合同继续履行并不影响各方要求对方承担违约责任的权利的,则不宜认定其享有合同解除权。

相关法律规则

中华人民共和国民法典

第五百五十七条　有下列情形之一的,债权债务终止:

(一)债务已经履行;

(二)债务相互抵销;

(三)债务人依法将标的物提存;

(四)债权人免除债务;

(五)债权债务同归于一人;

(六)法律规定或者当事人约定终止的其他情形。

合同解除的,本合同的权利义务关系终止。

第五百五十八条　债权债务终止后,当事人应当遵循诚信等原则,根据交易习惯履行通知、协助、保密、旧物回收等义务。

第五百五十九条　债权债务终止时,债权的从权利同时消灭,但是法律另有规定或者当事人另有约定的除外。

第五百六十条　债务人对同一债权人负担的数项债务种类相同,债务人的给付不足以清偿全部债务的,除当事人另有约定外,由债务人在清偿时指定其履行的债务。

债务人未作指定的,应当优先履行已经到期的债务;数项债务均到期的,优先履行对债权人缺乏担保或者担保最少的债务;均无担保或者担保相等的,优先履行债务人负担较重的债务;负担相同的,按照债务到期的先后顺序履行;到期时间相同的,按照债务比例履行。

第五百六十一条　债务人在履行主债务外还应当支付利息和实现债权的有关费用,其给付不足以清偿全部债务的,除当事人另有约定外,应当按照下列顺序履行:

(一)实现债权的有关费用;

(二)利息;

(三)主债务。

第五百六十二条　当事人协商一致,可以解除合同。当事人可以约定一方解除合同的事由。解除合同的事由发生时,解除权人可以解除合同。

第五百六十三条 有下列情形之一的,当事人可以解除合同:

(一)因不可抗力致使不能实现合同目的;

(二)在履行期限届满前,当事人一方明确表示或者以自己的行为表明不履行主要债务;

(三)当事人一方迟延履行主要债务,经催告后在合理期限内仍未履行;

(四)当事人一方迟延履行债务或者有其他违约行为致使不能实现合同目的;

(五)法律规定的其他情形。

以持续履行的债务为内容的不定期合同,当事人可以随时解除合同,但是应当在合理期限之前通知对方。

第五百六十四条 法律规定或者当事人约定解除权行使期限,期限届满当事人不行使的,该权利消灭。

法律没有规定或者当事人没有约定解除权行使期限,自解除权人知道或者应当知道解除事由之日起一年内不行使,或者经对方催告后在合理期限内不行使的,该权利消灭。

第五百六十五条 当事人一方依法主张解除合同的,应当通知对方。合同自通知到达对方时解除;通知载明债务人在一定期限内不履行债务则合同自动解除,债务人在该期限内未履行债务的,合同自通知载明的期限届满时解除。对方对解除合同有异议的,任何一方当事人均可以请求人民法院或者仲裁机构确认解除行为的效力。

当事人一方未通知对方,直接以提起诉讼或者申请仲裁的方式依法主张解除合同,人民法院或者仲裁机构确认该主张的,合同自起诉状副本或者仲裁申请书副本送达对方时解除。

第五百六十六条 合同解除后,尚未履行的,终止履行;已经履行的,根据履行情况和合同性质,当事人可以请求恢复原状或者采取其他补救措施,并有权请求赔偿损失。

合同因违约解除的,解除权人可以请求违约方承担违约责任,但是当事人另有约定的除外。

主合同解除后,担保人对债务人应当承担的民事责任仍应当承担担保责任,但是担保合同另有约定的除外。

第五百六十七条 合同的权利义务关系终止,不影响合同中结算和清理条款的效力。

第五百六十八条　当事人互负债务,该债务的标的物种类、品质相同的,任何一方可以将自己的债务与对方的到期债务抵销;但是,根据债务性质、按照当事人约定或者依照法律规定不得抵销的除外。

当事人主张抵销的,应当通知对方。通知自到达对方时生效。抵销不得附条件或者附期限。

第五百六十九条　当事人互负债务,标的物种类、品质不相同的,经协商一致,也可以抵销。

第五百七十条　有下列情形之一,难以履行债务的,债务人可以将标的物提存:

(一)债权人无正当理由拒绝受领;

(二)债权人下落不明;

(三)债权人死亡未确定继承人、遗产管理人,或者丧失民事行为能力未确定监护人;

(四)法律规定的其他情形。

标的物不适于提存或者提存费用过高的,债务人依法可以拍卖或者变卖标的物,提存所得的价款。

第五百七十一条　债务人将标的物或者将标的物依法拍卖、变卖所得价款交付提存部门时,提存成立。

提存成立的,视为债务人在其提存范围内已经交付标的物。

第五百七十二条　标的物提存后,债务人应当及时通知债权人或者债权人的继承人、遗产管理人、监护人、财产代管人。

第五百七十三条　标的物提存后,毁损、灭失的风险由债权人承担。提存期间,标的物的孳息归债权人所有。提存费用由债权人负担。

第五百七十四条　债权人可以随时领取提存物。但是,债权人对债务人负有到期债务的,在债权人未履行债务或者提供担保之前,提存部门根据债务人的要求应当拒绝其领取提存物。

债权人领取提存物的权利,自提存之日起五年内不行使而消灭,提存物扣除提存费用后归国家所有。但是,债权人未履行对债务人的到期债务,或者债权人向提存部门书面表示放弃领取提存物权利的,债务人负担提存费用后有权取回提存物。

第五百七十五条　债权人免除债务人部分或者全部债务的,债权债务部分或者全部终止,但是债务人在合理期限内拒绝的除外。

第五百七十六条 债权和债务同归于一人的,债权债务终止,但是损害第三人利益的除外。

最高人民法院关于适用《中华人民共和国民法典》
合同编通则若干问题的解释

第五十二条 当事人就解除合同协商一致时未对合同解除后的违约责任、结算和清理等问题作出处理,一方主张合同已经解除的,人民法院应予支持。但是,当事人另有约定的除外。

有下列情形之一的,除当事人一方另有意思表示外,人民法院可以认定合同解除:

(一)当事人一方主张行使法律规定或者合同约定的解除权,经审理认为不符合解除权行使条件但是对方同意解除;

(二)双方当事人均不符合解除权行使的条件但是均主张解除合同。

前两款情形下的违约责任、结算和清理等问题,人民法院应当依据民法典第五百六十六条、第五百六十七条和有关违约责任的规定处理。

第五十三条 当事人一方以通知方式解除合同,并以对方未在约定的异议期限或者其他合理期限内提出异议为由主张合同已经解除的,人民法院应当对其是否享有法律规定或者合同约定的解除权进行审查。经审查,享有解除权的,合同自通知到达对方时解除;不享有解除权的,不发生合同解除的效力。

第五十四条 当事人一方未通知对方,直接以提起诉讼的方式主张解除合同,撤诉后再次起诉主张解除合同,人民法院经审理支持该主张的,合同自再次起诉的起诉状副本送达对方时解除。但是,当事人一方撤诉后又通知对方解除合同且该通知已经到达对方的除外。

第五十五条 当事人一方依据民法典第五百六十八条的规定主张抵销,人民法院经审理认为抵销权成立的,应当认定通知到达对方时双方互负的主债务、利息、违约金或者损害赔偿金等债务在同等数额内消灭。

第五十六条 行使抵销权的一方负担的数项债务种类相同,但是享有的债权不足以抵销全部债务,当事人因抵销的顺序发生争议的,人民法院可以参照民法典第五百六十条的规定处理。

行使抵销权的一方享有的债权不足以抵销其负担的包括主债务、利息、实现债权的有关费用在内的全部债务,当事人因抵销的顺序发生争议的,人民法院可以参照民法典第五百六十一条的规定处理。

第五十七条　因侵害自然人人身权益,或者故意、重大过失侵害他人财产权益产生的损害赔偿债务,侵权人主张抵销的,人民法院不予支持。

第五十八条　当事人互负债务,一方以其诉讼时效期间已经届满的债权通知对方主张抵销,对方提出诉讼时效抗辩的,人民法院对该抗辩应予支持。一方的债权诉讼时效期间已经届满,对方主张抵销的,人民法院应予支持。

思考题

1.简述合同法定解除的条件,并分析合同解除后的效力,结合实际案例说明其在企业合同管理中的应用。

2.探讨抵销的要件及其法律效力,结合实际案例分析企业在合同履行中如何有效运用抵销机制。

3.分析提存的条件及其法律效力,举例说明企业在合同终止管理中如何通过提存来保护自身权益。

客观题扫码自测

第八章　企业合同违约责任管理

企业合同违约责任管理是企业合同管理与企业经营的关键组成部分，其目的在于预防和减少因违约行为而可能引发的各种争议和经济损失，从而维护合同当事人的合法权益。违约条款在企业合同中不仅仅是规范当事人行为的工具，更是对违约行为可能造成的后果进行预先设定和管理的重要机制。有效的违约条款不仅可以有效预防违约行为的发生，还能在违约发生时提供明确的法律救济路径，使受损方能够及时有效地维护其权益。本章的主要目的在于详细介绍企业合同中涉及的违约条款，通过探讨违约条款的设定与应用，帮助企业和法律从业者准确识别和解决因违约条款不完善或审查不到位可能引发的法律风险。

第一节　违约责任的性质、功能及承担形式

一、违约责任的性质

违约责任作为民事责任的一部分，具有民事责任的普遍属性，是财产责任，具有补偿性，在某些情况下具有惩罚性，与合同法中的归责原则密切相关。

首先，违约责任是一种财产责任，在《民法典》中，违约责任包括强制履行、赔偿损失、支付违约金和价格制裁等方式。违约责任主要表现为财产责任，这与合同的基本特性密不可分。在现代法律中，合同是最常见的财产流转形式，合同关系基本上是财产关系而非人身关系，合同债务通常可以用货

币衡量,即使是行为债务也能转化为金钱债务,例外情况很少。由于违约责任是合同债务的转换形式,违约责任关系也是合同关系的替代形式。违约责任与合同债务在经济利益方面具有同一性,因此,违约导致的财产损失,则需要通过具有经济利益的违约责任得到救济。

其次,违约责任具有惩罚性。关于违约责任的惩罚性存在不同的观点。其中一派观点关注违约方赔偿责任的范围或支付违约金的数额,认为当赔偿数额或违约金高于守约方的实际损失时,违约责任具有惩罚性,否则不具有惩罚性。实际上,违约责任的惩罚性与惩罚性损害赔偿、惩罚性违约金是完全不同的概念。违约责任的惩罚性是指对违约方违约行为的道德和法律谴责,这种法律属性可以通过高于或等于实际损失的违约金来体现,也可以通过低于实际损失的赔偿金或违约金来表现,还可以通过强制履行和支付违约金的结合来体现。不论通过何种方式,违约责任的惩罚性必然使违约方在道德和法律上受到否定性评价,使其明白违约不仅不会获益,反而会在物质上受损,其信誉也会降低,未来可能遭受更大损失;如果他认真履行合同,就不会面临这种情况,从而促使当事人严格遵守合同和适当履行合同债务。

最后,违约责任具有补偿性。违约责任的补偿性是指填补守约方损失的法律性质。当守约方的损失为财产损失时,违约责任的补偿性通过支付违约金、赔偿金等方式得以实现。应当指出,违约责任的补偿性主要是质的规定性,并没有量的严格要求。承担违约责任后,使守约方的实际损失得到全部补偿,当然说明违约责任具有补偿性;即使只得到部分补偿,违约责任仍然具有补偿性;甚至支付的违约金超过了守约方的实际损失,也不能否定其补偿性。违约责任是否同时具有惩罚性和补偿性,取决于违约责任是过错责任还是无过错责任。过错责任以过错为主观要件,因此必然具有惩罚性;同时,违约方承担违约责任后能使守约方的损失得到弥补,因此又具有补偿性。无过错责任的承担能使守约方的损失得到合理填补,因而具有补偿性;但由于其不以过错为成立要件,因此不能简单地认为具有惩罚性。如果考察无过错责任的惩罚性,则必须具体到个案,只有在违约方确实具有主观过错时,才能认定违约责任具有惩罚性;在违约方没有过错时,违约责任便不具有惩罚性。

二、违约责任的功能

《民法典》第 176 条明确规定,民事主体应当遵循法律规定或当事人间的约定,切实履行民事义务,并承担相应的民事责任。其中,违约责任特指因违反合同约定需要承担的民事责任。关于合同中约定的违约责任,其主要功能有两方面:

第一,纠偏功能。合同是预先设定的未来规则,但在执行过程中可能出现偏离,即当事人未能按照合同既定条款履行义务。若不及时纠正这种偏离,可能会阻碍合同的正常履行,引发争议,甚至影响合同目的的实现。违约条款正是为应对这种偏离而设定的,基于违约责任的威慑力,当一方当事人产生违约念头或行为时,可能会因为畏惧不利后果而打消违约念头或及时纠正违约行为,从而保障合同按照预定轨道进行,确保合同目的的实现。

第二,救济功能。在合同履行过程中,无论是非主观因素(如原材料价格波动、标的物灭失、第三方侵权等)还是主观因素(如追求利益最大化而主动违约等),都可能导致违约情况的发生。当违约行为已经发生并对合同履行造成障碍时,守约方自然受到损害,并应享有相应的救济权利。追究违约方的违约责任成为守约方最重要的救济途径。守约方可以通过要求违约方承担责任,减少损害或使受损利益得到适当补偿,从而维护其合法权益,这正是违约责任条款救济功能的体现。

三、违约责任的承担形式

《民法典》第 577 条明确规定,合同当事人一方未能履行合同所约定的义务,或者其履行行为未能达到合同约定的标准时,该当事人须承担相应的违约责任。违约行为主要归纳为两大类:不履行合同义务和履行合同义务不符合约定。

一方面,不履行合同义务的行为进一步细分为不能履行和拒绝履行。不能履行指的是由于客观原因,如不可抗力、合同标的物灭失等,导致当事人无法按照合同要求完成其义务。而拒绝履行则是指当事人有能力履行合同义务,但出于主观意愿或故意选择不履行。

另一方面,履行合同义务不符合约定的情形则包括部分履行、迟延履行和不适当履行。部分履行意味着当事人只完成了合同约定的部分义务,未能全面履行。迟延履行是指当事人在合同约定的期限内未能完成其义务,导致合同目的的实现被延迟。不适当履行则是指当事人的履行行为虽然完成了合同义务,但履行的方式、质量等不符合合同约定的要求。

针对上述各类违约行为,法律规定了不同的责任形态。这些责任形态旨在确保合同目的的实现,维护合同当事人的合法权益,促进市场经济的健康发展。

(一)继续履行

《民法典》第579条明确规定,当合同的一方未支付价款、报酬、租金、利息,或者未履行其他金钱债务时,另一方有权要求该方进行支付。此规定旨在保障合同中的金钱债务得到及时履行,确保合同双方的经济权益不受损害。

《民法典》第580条第1款则针对非金钱债务的履行作出相应规定,当一方不履行非金钱债务或履行不符合约定时,另一方可以要求其履行,但存在特定例外情形。例外情形包括法律上或事实上不能履行、债务标的不适于强制履行或履行费用过高,以及债权人在合理期限内未请求履行。例外情形的设定,既考虑了合同履行的实际情况,也保障了合同双方的合法权益。

根据以上规定,不论是金钱债务还是非金钱债务(不包括除外情形),法律均赋予守约方要求违约方继续履行合同的权利。这些规定体现合同法的根本目的,即在于实现交易目的,而非仅仅追究违约责任。在合同具备履行条件的情况下,法律首先倾向于允许守约方依法强制违约方继续履行合同,这是违约责任条款纠偏功能的体现。

值得注意的是,即使守约方要求合同继续履行,也并不妨碍其在受到损害时要求赔偿的权利。《民法典》第583条明确规定,当事人一方不履行合同义务或者履行不符合约定的,在履行义务或采取补救措施后,若对方仍有其他损失,违约方应当承担相应的赔偿责任。此规定确保了守约方在合同得到履行的同时,其合法权益也能得到充分的保障。

(二)采取补救措施

采取补救措施是处理不适当履行合同的重要手段,其目的在于修正或消除合同履行中的瑕疵。《民法典》第582条明确规定,若合同的执行未达到约定标准,应遵循双方的约定来承担相应的违约责任。若合同内未明确违约责任或约定模糊,且依据《民法典》第510条仍无法判定,则受损方有权根据合同标的特性及所受损失的程度,合理选择要求对方进行修理、重作、更换、退货、降价或减酬等补救措施。该条款主要针对的是质量未达标的情形,这里的"质量"应广义理解为合同标的的整体品质或标准,不仅限于具体的产品或物质质量。当合同涉及的是实体物品时,"质量"即指物品的质量;当合同内容为提供服务时,"质量"则指的是服务的品质或水平。

在实施补救措施这种违约责任时,须留意以下问题。仅当合同中对质量不合格的违约责任没有明确约定或约定模糊,才适用此措施。补救方式的选择应根据合同标的的性质和损失的程度来确定,例如修理、更换、重作、退货或减价等。遵守合同的一方在选择具体的补救措施时应保持合理性。采取补救措施并不妨碍遵守合同的一方要求赔偿的权利。

(三)赔偿损失

《民法典》第584条指出,当合同的一方未能履行其义务或履行不符合约定,导致另一方受损时,违约方应承担相应的损失赔偿责任。赔偿的额度应当与违约行为造成的实际损失相符,涵盖因违约而未能实现的预期利益。然而,赔偿额度亦存在上限,即不应超出违约方在订立合同时所能预见或应当预见的因违约可能导致的损失范围。

在违约责任的诸多形态中,赔偿损失占据核心地位。然而,实际操作中,如何有效举证证明损失的存在及其具体数额,往往是一大挑战。对于直接损失,如利息、货款、运费等,由于它们有明确的数额和相对直接的关联性,因此举证过程相对简单。然而,对于可得利益损失,情况则更为复杂。在主张此类损失时,不仅需要明确区分不同种类的可得利益,还需要承担相应的举证责任,以证明这些利益的存在及其因违约而未能实现。

在处理赔偿损失这种违约责任时,有几点值得注意。首先,合同双方可以在合同中预先约定损失赔偿额的计算方法,这在《民法典》第585条第1款中有明确规定。这种做法能够降低损失举证的难度,提高纠纷解决的效率。其次,损失赔偿的额度并非可以随意约定,它受到可预见规则和减损规则等法律规则的制约。这意味着,在订立合同时,双方应合理预见可能的违约损失,并在合同中设定相应的赔偿额度。最后,在违约发生后,受损方也有义务采取合理措施减少损失,以避免损失的进一步扩大。

(四)支付违约金

在合同法的实践中,违约金作为违约责任形式,因其操作的简便性和举证的便捷性(仅须证明违约行为的存在)而被广泛采用。然而,从合同审查的严谨角度出发,对于违约金的约定和应用,应当特别关注以下几个要点:

其一,违约金的数额必须清晰明确。依据《民法典》第585条第1款的规定,合同双方可以约定在违约情况下,违约方须向对方支付一定数额的违约金,或者约定因违约行为产生的损失赔偿额的计算方法。这意味着,在合同中,要么明确标出违约金的具体金额,要么规定违约金的计算方式,以确保在违约发生时,有明确的赔偿依据。

其二,违约金的数额应当合理。根据《民法典》的立法精神,违约金的设定旨在弥补守约方因对方违约而遭受的损失,同时带有一定的惩罚性质。然而,《民法典》第585条第2款也明确指出,若约定的违约金数额低于实际损失,法院或仲裁机构可根据当事人的请求适当增加;若违约金数额过分高于实际损失,则可根据请求适当减少。这体现了法律对违约金数额的必要限制,即违约金数额应与实际损失相协调,避免过高或过低。

此外,《合同编司法解释》第65条进一步细化了对违约金数额调整的规定。在判断违约金是否"过分高于"违约造成的损失时,法院不仅要以《民法典》第584条规定的损失为基础,还须综合考虑合同主体、交易类型、合同履行情况、当事人过错程度以及履约背景等多项因素,并遵循公平原则和诚信原则进行裁决。特别是当违约金超过实际损失的30%时,法院通常会认为其过分高于造成的损失。值得注意的是,对于恶意违约的当事人减少违约金的请求,法院一般不予支持。此规定旨在防止当事人滥用违约金条款,确保合同双方的权益得到公平合理的保护。此外,该项条款还要求法院在调整过高违约金时,要综合考虑多项因素,例如诚实信用原则与公平原则等等,避免在不同案件中机械地适用固定增减比例,防止实质不公平的现象出现。

(五)定金责任

《民法典》第586条第1款指出,当事人之间可以达成协议,由一方支付给另一方定金,作为对债权的担保。特别重要的是,定金合同只有在定金实际交付之后,才能正式成立。《民法典》第587条对定金的处理方式进行了规定,当债务人按照约定履行债务时,定金可以作为价款的一部分进行抵扣,或者由给付方收回。然而,如果给付定金的一方未能履行债务,或者其履行不符合双方约定,导致合同目的无法实现,那么该方将无权要求返还定金。同样地,如果收受定金的一方未履行债务或履行不符合约定,导致合同目的不能实现,则必须双倍返还定金。在审查定金责任的相关条款时,以下两点应当引起特别的注意:第一,定金的数额是有限制的。依据《民法典》第

586 条第 2 款,虽然定金的数额可以由当事人自行约定,但不得超过主合同标的额的 20%。超过限制的部分,在法律上都不会被视为定金,并因此不享有定金的法律效力。在实践中,有些合同可能约定了超过 20% 的定金数额,律师在审查合同时应明确指出这部分定金在法律上无效。第二,定金数额的确定以实际交付为准。正如前文所述,定金合同是实践性合同,只有在定金实际交付之后,合同才正式成立。因此,如果在合同中虽然约定了定金条款,但实际上并未交付定金,那么该定金合同并未成立,相应的定金责任也无法主张。

(六)合同僵局

在前民法典时代,破解合同僵局是一项复杂而困难的任务,因为成文法依据不足。解决这个问题需要扩张解释《合同法》第 94 条中的"当事人"概念,或者依据《合同法》第 110 条关于非金钱债务排除实际履行的规则,然后通过诚实信用原则或公平原则等理论解释,来支持违约方解除合同的请求,从而破解合同僵局。① 在《民法典》第 580 条第 2 款明确规定赋予违约方合同解除权后,应当摒弃对该内容的相关争议,重点关注法律的合理解释与适用。基于诚实信用和公平正义原则,在合同严守制度的框架下,赋予违约方合同解除权利大于弊。

在传统观念中,只有非违约方才有权解除合同。然而,随着市场经济的快速发展,违约方合同解除权近年来逐渐成为社会热点,相关案例数量也逐年上升。因此,这个问题引发了学术圈的激烈讨论。反对者认为,违约方解除合同违背了合同严守原则,可能导致道德风险,背离解除制度的初衷和本质。他们认为,合同严守应建立在诚实信用和公平正义之上,不应轻易赋予违约方解除权。

然而,合同严守原则本身需要在诚实信用和公平正义的基础上进行权衡。在非违约方不愿解除合同且双方陷入合同僵局时,赋予违约方解除权符合诚实信用原则。重要的是,解除合同并不意味着违约方可以逃避责任。合同解除后,违约方仍须赔偿对方未实现的预期利益损失,同时还可以避免非违约方利用违约方急于解脱的心态提出不合理的要求,从而引发道德风险。解除制度的设立是为了使当事人摆脱合同僵局。合同解除的本质是基

---

① 参见王毅纯、刘廿一:《合同僵局下违约方解除的制度构造》,载《经贸法律评论》2021 年第 5 期。

于公平原则来救济非违约方。当债权人不履行请求权且不解除合同时,赋予违约方解除权恰好体现了公平原则的精神。

违约方行使解除权需满足三个条件:首先,须构成履行不能三种情形之一;其次,因该履行不能致使合同不能实现;最后,在程序上需要向司法机关提出申请,由法院或仲裁机构裁决解除合同。在司法实践中,司法部门应严格审查是否存在恶意违约、利益失衡、违背诚实信用原则等问题,确保合同解除权的行使符合法律的精神和原则。

第二节　违约责任管理的实务操作

一、违约责任条款设置的一般原则

(一)针对性原则

企业在缔约中,应基于具体需求进行个性化设置,特别是以下两点须充分考虑。

第一,针对潜在违约情形的预判。在合同中,企业须预先针对对方可能出现的违约情况进行充分考量。这里的"违约情况"特指那些主要且关键的违约行为,一旦发生,将对企业的利益产生重大影响,因此需要对此类违约行为给予特别关注,例如拒绝履行与延迟履行。

第二,多样化的违约救济措施。针对不同类型的违约行为,应采取不同的救济措施,以确保其针对性和有效性。这些措施设置应确保能有效地预防对方违约,或在对方违约时,企业能够最大程度地挽回损失并获得有效的救济。例如根据违约的严重程度,设置救济措施的层级或梯度。

然而,这并不意味着企业需要为对方的每个违约行为都设定专门的救济措施,这在实际操作中既烦琐又不必要。企业应主要聚焦于那些重要且影响较大的违约行为,设定相应的救济措施;对于次要或影响较小的违约行为,则可以通过一般的违约责任条款进行涵盖。这样的设置既保证了企业合同的灵活性,又确保了其针对性和有效性。

(二)我方立场原则

企业在合同起草与审查的过程中,我方立场的重要性不言而喻,这同样适用于合同违约条款的审核。在设定这些条款时,企业必须深入考量两个核心问题:哪一方更可能面临违约风险?并且,这些看似公正的违约责任条款是否在实际操作中对我方构成潜在不利影响？

对违约责任条款的设定存在一种误解，认为"条款越完善越好"，甚至"违约责任越重越能确保合同安全"。然而，这种观念并不准确。某些违约责任条款从表面上看似乎不偏袒任何一方，如"逾期付款的，每逾期一日，应按万分之六承担违约金"。但是，如果合同中规定的义务主要由我方承担，那么设定这样的违约责任实质上更多地指向了我方，与我方的利益相悖，违反了我方立场原则。

在实务中，常见的合同类型是"一方收取款项并提供服务或商品"，并且这些合同往往由收款方提供。对于这类合同，收款方在审查违约责任条款时，应特别关注"逾期付款责任"，并尽量简化其他责任条款。这是因为"逾期付款责任"是保护收款方、针对付款方的条款。那些更多涉及我方的违约责任条款，应当谨慎处理，避免不必要的风险。

(三)可接受原则

合同的签署应基于各方的一致同意，如果对方不接受我方的条款，那么再完美的设计也失去了意义。因此，在设计违约责任条款时，必须确保至少在表面上看起来对双方都有所保护，而不仅仅是偏向我方。所以就需要考虑以下两点。

第一，针对我方主要义务的主动设置。当企业在合同中承担主要义务时，应主动加入相应的违约责任条款。例如，在买卖合同中，作为买方，企业应考虑卖方的关切，如逾期付款的风险。因此，买方企业可以主动添加"买方逾期付款时，应按全国银行间同业拆借中心公布的贷款市场报价利率标准向卖方支付违约金"的条款。主动设置"我方义务"可以避免在合同修改过程中，对方提出更为苛刻的违约责任，从而对我方不利。

第二，需要设置通用的违约条款。例如，企业在合同中增加"甲方违约时，应赔偿乙方全部损失"，这样的通用违约条款，可以使合同看起来更加公平，因为双方都有明确的违约责任。然而，值得注意的是，即使没有这样的具体条款，根据《民法典》第584条的规定，违约方也应当赔偿守约方的全部损失。但明确的条款可以增强合同的可执行性和双方的明确预期。

二、违约责任条款的审查要点

(一)违约责任条款的对应性

所谓违约责任条款的对应性，包括两层含义：一是合同义务与违约责任的对应,二是违约行为与违约责任形式的对应。

1.合同义务与违约责任的对应

在合同框架内,合同当事人的义务条款是不可或缺的组成部分。基于违约责任的对应性逻辑,义务的存在应当伴随着相应的责任。若缺乏责任的约束,义务的执行将失去必要的强制力,导致义务方缺乏履行义务的驱动力,进而增加违约的风险。从缔约初衷来看,订立合同的根本目的并非为了追究违约责任,而是期待双方能够全面、准确地履行各自义务。因此,为合同义务设置相应的违约责任,不仅有助于督促义务方按照既定规范履行义务,而且为守约方在对方违约时提供了明确的维权途径,从而有效保障合同利益。

企业审查合同违约责任条款时,首要任务是细致审视合同相对方的义务内容、履行时间、程序及方式。随后,企业应针对每项具体义务,检查是否已设置相应的违约责任条款。若存在缺失,应建议增补,以确保合同的完整性和可执行性。

例如在实践中,存在诸如"一方未能履行合同义务时,需要向对方支付合同总额 20% 的违约金"的条款。尽管此类条款在形式上看似明确了违约责任,但实则隐藏着诸多风险。以买卖合同为例,卖方可能面临一物二卖、迟延交货、未交付附随单据、未及时提供售后服务等多种违约情形。若不加区分,统一以合同总额的 20% 作为违约金标准,既缺乏合理性,也可能在实际操作中受到对方及司法机构的质疑。因此,在设定违约责任条款时,应充分考虑各种违约情形的差异性,制定更为合理、具体的责任条款。

2.违约行为与违约责任形式的对应

违约行为与违约责任形式之间存在着密切的对应关系,不仅体现在违约行为的性质上,也体现在违约的程度上。从违约行为的性质出发,当一方拒不履行其合同义务时,其对应的违约责任形式通常涵盖继续履行、损失赔偿以及支付违约金等多种责任形式。然而,在特定情境下,如拒不交付货物时,直接采取更换或修理等补救措施作为违约责任可能并不适宜,因为这样的责任形式在逻辑上可能显得不够连贯,且在实际操作中可能面临困难。此外,从违约的程度来看,违约责任的严重程度应当与违约的严重程度保持正相关的关系。也就是说,违约程度越高,对应的违约责任也就越大。这种对应关系不仅有助于公平地评价违约行为的影响,还有助于维护合同双方的合法权益,确保合同关系的稳定和有序。

(二)违约责任条款的可操作性

许多合同在描述违约责任时,往往仅包含一条泛泛而谈的条款,如"任何违反本合同约定的行为,违约方需要赔偿守约方因此遭受的全部损失"。这种表述虽在结构上充实了合同,但实际操作中缺乏具体的指导意义,几乎等同于未设约定。因为即便合同未明确,守约方仍可依据《民法典》合同编的相关条款,要求违约方承担违约赔偿责任。为确保违约责任条款的可操作性,企业在审查合同时须注意以下两个关键问题。

1.违约责任的描述应具体而明确,避免模棱两可或过于笼统。例如,若约定的违约责任是继续履行,则应明确具体的履行时限及方式;若为补救措施,需要详述采取何种措施、何时开始、执行方式以及预期效果等;若涉及损失赔偿,则需要界定损失的范围和计算方式;若为违约金,需要明确数额或计算方法,并应补充,若违约金无法覆盖守约方损失,违约方仍须继续赔偿。

2.设置违约责任时,应充分考虑委托人的核心利益,采取主次分明、宽严适度的原则。对于与委托人核心利益直接相关的条款(如质量、价格等),对方的违约责任应明确且严格,可在专门的违约条款中加以强调。对于非核心利益的条款(如附随义务等),可适当简化处理,并在相应的义务条款后附带说明,无须在专门的违约条款中单独列出。当然,在确定哪些条款涉及核心利益时,应与委托人进行深入的沟通,确保真正理解并满足其需求。例如,在收购公司股权的合同中,若委托人的主要目标是获得公司名下的土地使用权,那么土地使用权无疑就是委托人的核心利益。在违约责任设置中,应明确强调若土地使用权存在问题,股权转让方应承担的相应责任。

(三)违约责任条款的法律效力

在合同设计中,条款设立的核心在于确保其法律效力。若条款无法产生法律效力,无论其设计多么精巧、表述如何完善,都将失去其实际应用价值。具体到违约责任条款,其关键内容涵盖违约责任的合并适用、违约金的合理调整以及定金责任的特定规范。

1.关于违约责任的合并适用,不同的违约形态对违约方的约束力和效果各异。因此,在约定违约责任时,应结合合同的性质与目的,为不同的违约行为制定适当的责任形式。同时,还需要注意各种责任形式之间的合并适用问题。依据《民法典》第588条,当违约行为发生时,除了支付违约金或赔偿损失外,违约方仍需要继续履行或采取补救措施。然而,定金与违约金不能同时使用,但在违约或定金无法弥补全部损失的情况下,守约方可以要求违约方同时承担赔偿损失的责任。

2.违约金的数额必须合理,不得过高或过低。如果违约金数额与实际损失相去甚远,合同当事人有权请求调整。虽然违约金的调整问题在相关章节已有深入讨论,但值得再次强调的是,企业在审查合同时,应对违约金数额给予充分考虑。一旦发现违约金可能过高或损失难以精确计算,应及时分析并预判相关风险。

3.关于定金责任的特殊规定,根据《民法典》第 586 条第 2 款的规定,定金的数额由当事人约定,但不得超过主合同标的额的 20%。超出部分将失去定金的效力。同时,如果实际交付的定金数额与约定不符,将视为对定金数额的变更。此外,定金必须实际交付,否则定金合同将不成立,无法实现其预期的法律效果。这些特殊规定是律师在审查合同时必须严格遵循的。

第三节　违约责任管理的风险防范

一、违约损失范围的确定及遵循的原则

(一)明确违约损失范围

明确违约损失范围,防止日后因损害范围争议导致纠纷。应当根据诚信原则,贯彻完全赔偿的理念,即非违约方因违约所遭受的损失应包括可得利益损失和其他损失。因此,计算这些损失时,可以采用利润法、替代交易法、市场价格法等方法。《合同编司法解释》第 60 条规定,人民法院依据《民法典》第 584 条确定合同履行后可获得的利益时,可以在扣除非违约方为订立和履行合同所支出的合理费用后,按照非违约方能够获得的生产利润、经营利润或者转售利润等进行计算。非违约方依法行使合同解除权并实施了替代交易,主张按照替代交易价格与合同价格的差额确定合同履行后可获得的利益的,人民法院应予支持;若替代交易价格明显偏离替代交易发生时当地的市场价格,违约方主张按照市场价格与合同价格的差额确定合同履行后可获得的利益的,人民法院应予支持。非违约方依法行使合同解除权但未进行替代交易,主张按照违约行为发生后合理期间内合同履行地的市场价格与合同价格的差额确定合同履行后可获得的利益的,人民法院应予支持。

(二)遵循可预见性原则

除可得利益损失外,违约造成的其他损失也应予以赔偿,前提是这些损失在合同订立时是违约方可以预见或应当预见的。判断这些损失时,可以根据合同订立的目的,综合考虑合同主体、合同内容、交易类型、交易习惯及磋商过程等因素,按与违约方处于相同或类似情境的民事主体,在订立合同时能够预见或应当预见的损失进行确定。除合同履行后可获得的利益外,非违约方若主张因向第三人承担违约责任而支出的额外费用等其他损失,并请求违约方赔偿,若经审理认为该损失在合同订立时是违约方可以预见或应当预见的,人民法院应予支持。

同时,综合运用损益相抵规则、与有过失规则及防止损失扩大规则来确定违约方最终应当承担的违约损害赔偿数额。例如,在确定违约损失赔偿额时,若违约方主张应扣除因非违约方未采取适当措施而导致的扩大损失、非违约方的过错造成的损失部分、非违约方因违约获得的额外利益或减少的必要支出,人民法院应依法予以支持。

二、合理约定违约金

当事人一方可以通过反诉或抗辩的方式来调整违约金。如果违约方认为约定的违约金远高于违约造成的实际损失并请求适当减少,则需要承担举证责任。同样,非违约方若主张约定的违约金合理,也需要提供相应证据。如果仅以合同中规定违约金不可调整为由主张不予调整,人民法院将不予支持。

当事人主张约定的违约金过高并请求适当减少时,人民法院应依据《民法典》第 584 条规定的损失为基础,并考虑合同主体、交易类型、合同履行情况、当事人的过错程度及履约背景等因素,遵循公平和诚信原则进行衡量并作出裁判。通常,若约定的违约金超过实际损失的 30%,法院可以认定其过高。如果当事人一方恶意违约并请求减少违约金,法院一般不予支持。

当一方请求对方支付违约金,而对方以合同不成立、无效、被撤销、确定不发生效力、不构成违约或非违约方不存在损失等为由进行抗辩,但未主张调整过高的违约金时,法院若不支持该抗辩,应当确认当事人是否请求调整违约金。一审法院若认为抗辩成立且未予释明,而二审法院认为应判决支付违约金,则可直接释明,并根据当事人的请求,充分举证、质证、辩论后,依法判决适当减少违约金。被告因客观原因未能在一审程序中到庭参加诉讼,但在二审程序中到庭并请求减少违约金的,二审法院可以在充分举证、质证、辩论后,依法判决适当减少违约金。

三、合理约定定金

第一,要明确约定定金。如果当事人交付留置金、担保金、保证金、订约金、押金或订金等,但未明确约定其为定金性质,若一方主张适用定金罚则,人民法院将不予支持。若当事人明确约定了定金性质但未明确定金类型或约定不明,一方主张为违约定金的,人民法院应予支持。

第二,当事人可以根据需要约定定金类型。若当事人约定以交付定金作为订立合同的担保,一方拒绝订立合同或在磋商订立合同时违背诚信原则导致合同未能订立,对方主张适用定金罚则的,人民法院应予支持。若约定以交付定金作为合同成立或生效条件,应当交付定金的一方未交付定金,但合同主要义务已履行完毕并为对方所接受的,人民法院应认定合同在对方接受履行时已成立或生效。若定金性质为解约定金,交付定金的一方以丧失定金为代价解除合同,或收受定金的一方以双倍返还定金为代价解除合同的,人民法院应予支持。

第三,双方违约以及轻微违约不能适用定金罚则。若双方均有致使合同目的不能实现的违约行为,其中一方请求适用定金罚则,人民法院不予支持。如果一方仅有轻微违约,而对方的违约行为导致合同目的不能实现,轻微违约方主张适用定金罚则,对方以轻微违约方也构成违约为由抗辩的,人民法院对该抗辩不予支持。

第四,定金罚则可以按比例适用。若一方已部分履行合同,对方接受并主张按照未履行部分所占比例适用定金罚则的,人民法院应予支持。若对方主张按照合同整体适用定金罚则的,人民法院不予支持,但部分未履行致使合同目的不能实现的除外。

第五,因不可抗力致使合同不能履行,非违约方主张适用定金罚则的,人民法院不予支持。

四、合理约定免责条款

免责条款是指当事人在合同中通过协议排除或限制其未来责任的条款。具体而言,首先,免责条款作为合同的一部分,必须经过双方同意并具有约定性。与法定的不可抗力、货物的自然性质、合理损耗以及债权人的过错不同,这些情况虽然也能排除或限制责任,但它们是法定免责条件,而非合同中的免责条款。其次,免责条款必须以明示方式提出,不允许默示或由法官推定其存在。虽然其他合同条款也通常以明示方式作出,但有些可以通过默示或推定方式表示存在,例如,房屋租赁合同终止后,若承租人继续支付房租而出租人接受,则可推定租期延长。然而,免责条款不同,必须明确约定。最后,免责条款的主要功能是排除或限制未来的民事责任,除非未被纳入合同或被确认无效,一般情况下,免责条款能有效排除或限制未来责任。这种功能是免责条款的核心特征,使其与其他合同条款区别开来。[①]

免责条款虽成为合同的一部分,但这并不意味着一定有效。确定免责条款的有效性是立法、行政和司法控制的重要任务,也是理论研究的重要课题。在中国法中,判断免责条款有效性的根本法律依据包括《民法典》的多项规定。具体而言,第 8 条明确规定"民事主体从事民事活动,不得违反法律,不得违背公序良俗";第 6 条和第 7 条分别强调公平原则和诚信原则;第144 条、146 条第 1 款、第 153 条和第 154 条则涉及法律行为无效的情形。此外,第 506 条和第 497 条分别对免责条款无效及格式条款无效作出具体规定。

具体而言,如果民事责任的成立及实现是为了保护社会公共利益、维持社会秩序或满足社会公德的要求,这类责任是法律坚决谴责和否定侵权或约束的表现,那么免除此类民事责任的条款无效。相反,如果民事责任的成立和实现主要涉及当事人之间的利益分配,对社会公共利益、社会秩序和社会公德的影响较小,即使允许当事人以协议排除或限制,也无碍大局,甚至有助于合理分配风险,那么法律可以承认此类免责条款的有效性。

当然,免责条款的类型和性质各不相同,确定其有效性依据和标准也会有所不同,需要具体情况具体分析。对于一些显然违反公序良俗或严重损害社会公共利益的免责条款,法律应予以无效处理。而对于那些在合理范围内进行风险分配的免责条款,只要符合公平、诚信原则,并未严重侵害社会公共利益,则应当被视为有效。这种分类和判断需要在具体司法实践中加以细致考量,以确保法律的公正性和社会的公平正义。

---

① 崔建远:《合同法》,法律出版社 2024 年第 8 版,第 234 页。

典型案例分析

基本案情

被告李某原为原告上海熊猫互娱文化有限公司(以下简称熊猫公司)创办的熊猫直播平台游戏主播,被告昆山播爱游信息技术有限公司(以下简称播爱游公司)为李某的经纪公司。2018 年 2 月 28 日,熊猫公司、播爱游公司及李某签订主播独家合作协议(以下简称合作协议),约定李某在熊猫直播平台独家进行"绝地求生游戏"的第一视角游戏直播和游戏解说。该协议违约条款中约定,协议有效期内,播爱游公司或李某未经熊猫公司同意,擅自终止本协议或在直播竞品平台上进行相同或类似合作,或将已在熊猫直播上发布的直播视频授权给任何第三方使用的,构成根本性违约,播爱游公司应向熊猫直播平台支付如下赔偿金:(1)本协议及本协议签订前熊猫公司因与李某开展直播合作累计支付的合作费用;(2)5000 万元人民币;(3)熊猫公司为李某投入的培训费和推广资源费。主播李某对此向熊猫公司承担连带责任。合同约定的合作期限为 1 年,从 2018 年 3 月 1 日至 2019 年 2 月 28 日。2018 年 6 月 1 日,播爱游公司向熊猫公司发出主播催款单,催讨欠付李某的两个月合作费用。截至 2018 年 6 月 4 日,熊猫公司为李某直播累计支付 2017 年 2 月至 2018 年 3 月的合作费用 1111661 元。2018 年 6 月 27 日,李某发布微博称其将带领所在直播团队至斗鱼直播平台进行直播,并公布了直播时间及房间号。2018 年 6 月 29 日,李某在斗鱼直播平台进行首播。播爱游公司也于官方微信公众号上发布李某在斗鱼直播平台的直播间链接。根据"腾讯游戏"微博新闻公开报道:"BIU 雷哥(李某)是全国主机游戏直播节目的开创者,也是全国著名网游直播明星主播,此外也是一位优酷游戏频道的原创达人,在优酷视频拥有超过 20 万的粉丝和 5000 万的点击……"。2018 年 8 月 24 日,熊猫公司向人民法院提起诉讼,请求判令两被告继续履行独家合作协议、立即停止在其他平台的直播活动并支付相应违约金。一审审理中,熊猫公司调整诉讼请求为判令两被告支付原告违约金 300 万元。播爱游公司不同意熊猫公司请求,并提出反诉请求:(1)判令确认熊猫公司、播爱游公司、李某三方于 2018 年 2 月 28 日签订的合作协议于 2018 年 6 月 28 日解除;(2)判令熊猫公司向播爱游公司支付 2018 年 4 月至 2018 年 6 月之间的合作费用 224923.32 元;(3)判令熊猫公司向播爱游公司支付律师费 20000 元。

上海市静安区人民法院于 2019 年 9 月 16 日作出（2018）沪 0106 民初 31513 号民事判决：（1）播爱游公司于判决生效之日起 10 日内支付熊猫公司违约金 2600000 元；（2）李某对播爱游公司上述付款义务承担连带清偿责任；（3）熊猫公司于判决生效之日起 10 日内支付播爱游公司 2018 年 4 月至 2018 年 6 月的合作费用 186640.10 元；（4）驳回播爱游公司其他反诉请求。李某不服一审判决，提起上诉。上海市第二中级人民法院于 2020 年 11 月 12 日作出（2020）沪 02 民终 562 号民事判决：驳回上诉，维持原判。

案例评析

第一，根据本案查明的事实，熊猫公司与播爱游公司、李某签订合作协议，自愿建立合同法律关系，而非李某主张的劳动合同关系。合作协议系三方真实意思表示，不违反法律法规的强制性规定，应认定为有效，各方理应依约恪守。从合作协议的违约责任条款来看，该协议对合作三方的权利义务都进行了详细约定，主播未经熊猫公司同意在竞争平台直播构成违约，应当承担赔偿责任。

第二，熊猫公司虽然存在履行瑕疵但并不足以构成根本违约，播爱游公司、李某并不能以此为由主张解除合作协议，即使从解除的方式来看，合同解除的意思表示也应当按照法定或约定的方式明确无误地向合同相对方发出，李某在微博平台上向不特定对象发布的所谓"官宣"或直接至其他平台直播的行为，均不能认定为向熊猫公司发出明确的合同解除的意思表示。因此，李某、播爱游公司在二审中提出因熊猫公司违约而已经行使合同解除权的主张不能成立。

第三，当事人主张约定的违约金过高请求予以适当减少的，应当以实际损失为基础，兼顾合同的履行情况、当事人的过错程度以及预期利益等综合因素，根据公平原则和诚实信用原则予以衡量。对于公平、诚信原则的适用尺度，与因违约所受损失的准确界定，应当充分考虑网络直播这一新兴行业的特点。网络直播平台是以互联网为必要媒介、以主播为核心资源的企业，在平台运营中通常需要在带宽、主播上投入较多的前期成本，而主播违反合同在第三方平台进行直播的行为给直播平台造成损失的具体金额实际难以量化，如对网络直播平台苛求过重的举证责任，则有违公平原则。故本案违约金的调整应当考虑网络直播平台的特点以及签订合同时对熊猫公司成本及收益的预见性。本案中，考虑主播李某在游戏直播行业中享有很高的人气和知名度的实际情况,结合其收益情况、合同剩余履行期间、双方违约及各自过错大小、熊猫公司能够量化的损失、熊猫公司已对约定违约金作出的减让、熊猫公司平台的现状等情形,根据公平与诚实信用原则以及直播平台与主播个人的利益平衡,酌情调整违约金。

相关法律规则

中华人民共和国民法典

第五百七十七条 当事人一方不履行合同义务或者履行合同义务不符合约定的,应当承担继续履行、采取补救措施或者赔偿损失等违约责任。

第五百七十八条 当事人一方明确表示或者以自己的行为表明不履行合同义务的,对方可以在履行期限届满前请求其承担违约责任。

第五百七十九条 当事人一方未支付价款、报酬、租金、利息,或者不履行其他金钱债务的,对方可以请求其支付。

第五百八十条 当事人一方不履行非金钱债务或者履行非金钱债务不符合约定的,对方可以请求履行,但是有下列情形之一的除外:

(一)法律上或者事实上不能履行;

(二)债务的标的不适于强制履行或者履行费用过高;

(三)债权人在合理期限内未请求履行。

有前款规定的除外情形之一,致使不能实现合同目的,人民法院或者仲裁机构可以根据当事人的请求终止合同权利义务关系,但是不影响违约责任的承担。

第五百八十一条 当事人一方不履行债务或者履行债务不符合约定,根据债务的性质不得强制履行的,对方可以请求其负担由第三人替代履行的费用。

第五百八十二条 履行不符合约定的,应当按照当事人的约定承担违约责任。对违约责任没有约定或者约定不明确,依据本法第五百一十条的规定仍不能确定的,受损害方根据标的的性质以及损失的大小,可以合理选择请求对方承担修理、重做、更换、退货、减少价款或者报酬等违约责任。

第五百八十三条 当事人一方不履行合同义务或者履行合同义务不符

合约定的,在履行义务或者采取补救措施后,对方还有其他损失的,应当赔偿损失。

第五百八十四条 当事人一方不履行合同义务或者履行合同义务不符合约定,造成对方损失的,损失赔偿额应当相当于因违约所造成的损失,包括合同履行后可以获得的利益;但是,不得超过违约一方订立合同时预见到或者应当预见到的因违约可能造成的损失。

第五百八十五条 当事人可以约定一方违约时应当根据违约情况向对方支付一定数额的违约金,也可以约定因违约产生的损失赔偿额的计算方法。

约定的违约金低于造成的损失的,人民法院或者仲裁机构可以根据当事人的请求予以增加;约定的违约金过分高于造成的损失的,人民法院或者仲裁机构可以根据当事人的请求予以适当减少。

当事人就迟延履行约定违约金的,违约方支付违约金后,还应当履行债务。

第五百八十六条 当事人可以约定一方向对方给付定金作为债权的担保。定金合同自实际交付定金时成立。

定金的数额由当事人约定;但是,不得超过主合同标的额的百分之二十,超过部分不产生定金的效力。实际交付的定金数额多于或者少于约定数额的,视为变更约定的定金数额。

第五百八十七条 债务人履行债务的,定金应当抵作价款或者收回。给付定金的一方不履行债务或者履行债务不符合约定,致使不能实现合同目的的,无权请求返还定金;收受定金的一方不履行债务或者履行债务不符合约定,致使不能实现合同目的的,应当双倍返还定金。

第五百八十八条 当事人既约定违约金,又约定定金的,一方违约时,对方可以选择适用违约金或者定金条款。

定金不足以弥补一方违约造成的损失的,对方可以请求赔偿超过定金数额的损失。

第五百八十九条 债务人按照约定履行债务,债权人无正当理由拒绝受领的,债务人可以请求债权人赔偿增加的费用。

在债权人受领迟延期间,债务人无须支付利息。

第五百九十条 当事人一方因不可抗力不能履行合同的,根据不可抗力的影响,部分或者全部免除责任,但是法律另有规定的除外。因不可抗力不能履行合同的,应当及时通知对方,以减轻可能给对方造成的损失,并应当在合理期限内提供证明。

当事人迟延履行后发生不可抗力的,不免除其违约责任。

第五百九十一条　当事人一方违约后,对方应当采取适当措施防止损失的扩大;没有采取适当措施致使损失扩大的,不得就扩大的损失请求赔偿。

当事人因防止损失扩大而支出的合理费用,由违约方负担。

第五百九十二条　当事人都违反合同的,应当各自承担相应的责任。

当事人一方违约造成对方损失,对方对损失的发生有过错的,可以减少相应的损失赔偿额。

第五百九十三条　当事人一方因第三人的原因造成违约的,应当依法向对方承担违约责任。当事人一方和第三人之间的纠纷,依照法律规定或者按照约定处理。

中华人民共和国劳动合同法

第二十二条　用人单位为劳动者提供专项培训费用,对其进行专业技术培训的,可以与该劳动者订立协议,约定服务期。

劳动者违反服务期约定的,应当按照约定向用人单位支付违约金。违约金的数额不得超过用人单位提供的培训费用。用人单位要求劳动者支付的违约金不得超过服务期尚未履行部分所应分摊的培训费用。

用人单位与劳动者约定服务期的,不影响按照正常的工资调整机制提高劳动者在服务期期间的劳动报酬。

第二十三条　用人单位与劳动者可以在劳动合同中约定保守用人单位的商业秘密和与知识产权相关的保密事项。

对负有保密义务的劳动者,用人单位可以在劳动合同或者保密协议中与劳动者约定竞业限制条款,并约定在解除或者终止劳动合同后,在竞业限制期限内按月给予劳动者经济补偿。劳动者违反竞业限制约定的,应当按照约定向用人单位支付违约金。

第二十四条　竞业限制的人员限于用人单位的高级管理人员、高级技术人员和其他负有保密义务的人员。竞业限制的范围、地域、期限由用人单位与劳动者约定,竞业限制的约定不得违反法律、法规的规定。

在解除或者终止劳动合同后,前款规定的人员到与本单位生产或者经营同类产品、从事同类业务的有竞争关系的其他用人单位,或者自己开业生产或者经营同类产品、从事同类业务的竞业限制期限,不得超过二年。

第二十五条　除本法第二十二条和第二十三条规定的情形外,用人单位不得与劳动者约定由劳动者承担违约金。

最高人民法院关于适用《中华人民共和国民法典》合同编通则若干问题的解释

第五十二条　当事人就解除合同协商一致时未对合同解除后的违约责任、结算和清理等问题作出处理,一方主张合同已经解除的,人民法院应予支持。但是,当事人另有约定的除外。

有下列情形之一的,除当事人一方另有意思表示外,人民法院可以认定合同解除:

(一)当事人一方主张行使法律规定或者合同约定的解除权,经审理认为不符合解除权行使条件但是对方同意解除;

(二)双方当事人均不符合解除权行使的条件但是均主张解除合同。

前两款情形下的违约责任、结算和清理等问题,人民法院应当依据民法典第五百六十六条、第五百六十七条和有关违约责任的规定处理。

第五十九条　当事人一方依据民法典第五百八十条第二款的规定请求终止合同权利义务关系的,人民法院一般应当以起诉状副本送达对方的时间作为合同权利义务关系终止的时间。根据案件的具体情况,以其他时间作为合同权利义务关系终止的时间更加符合公平原则和诚信原则的,人民法院可以以该时间作为合同权利义务关系终止的时间,但是应当在裁判文书中充分说明理由。

第六十条　人民法院依据民法典第五百八十四条的规定确定合同履行后可以获得的利益时,可以在扣除非违约方为订立、履行合同支出的费用等合理成本后,按照非违约方能够获得的生产利润、经营利润或者转售利润等计算。

非违约方依法行使合同解除权并实施了替代交易,主张按照替代交易价格与合同价格的差额确定合同履行后可以获得的利益的,人民法院依法予以支持;替代交易价格明显偏离替代交易发生时当地的市场价格,违约方主张按照市场价格与合同价格的差额确定合同履行后可以获得的利益的,人民法院应予支持。

非违约方依法行使合同解除权但是未实施替代交易,主张按照违约行为发生后合理期间内合同履行地的市场价格与合同价格的差额确定合同履行后可以获得的利益的,人民法院应予支持。

第六十一条 在以持续履行的债务为内容的定期合同中,一方不履行支付价款、租金等金钱债务,对方请求解除合同,人民法院经审理认为合同应当依法解除的,可以根据当事人的主张,参考合同主体、交易类型、市场价格变化、剩余履行期限等因素确定非违约方寻找替代交易的合理期限,并按照该期限对应的价款、租金等扣除非违约方应当支付的相应履约成本确定合同履行后可以获得的利益。

非违约方主张按照合同解除后剩余履行期限相应的价款、租金等扣除履约成本确定合同履行后可以获得的利益的,人民法院不予支持。但是,剩余履行期限少于寻找替代交易的合理期限的除外。

第六十二条 非违约方在合同履行后可以获得的利益难以根据本解释第六十条、第六十一条的规定予以确定的,人民法院可以综合考虑违约方因违约获得的利益、违约方的过错程度、其他违约情节等因素,遵循公平原则和诚信原则确定。

第六十三条 在认定民法典第五百八十四条规定的"违约一方订立合同时预见到或者应当预见到的因违约可能造成的损失"时,人民法院应当根据当事人订立合同的目的,综合考虑合同主体、合同内容、交易类型、交易习惯、磋商过程等因素,按照与违约方处于相同或者类似情况的民事主体在订立合同时预见到或者应当预见到的损失予以确定。

除合同履行后可以获得的利益外,非违约方主张还有其向第三人承担违约责任应当支出的额外费用等其他因违约所造成的损失,并请求违约方赔偿,经审理认为该损失系违约一方订立合同时预见到或者应当预见到的,人民法院应予支持。

在确定违约损失赔偿额时,违约方主张扣除非违约方未采取适当措施导致的扩大损失、非违约方也有过错造成的相应损失、非违约方因违约获得的额外利益或者减少的必要支出的,人民法院依法予以支持。

第六十四条 当事人一方通过反诉或者抗辩的方式,请求调整违约金的,人民法院依法予以支持。

违约方主张约定的违约金过分高于违约造成的损失,请求予以适当减少的,应当承担举证责任。非违约方主张约定的违约金合理的,也应当提供相应的证据。

当事人仅以合同约定不得对违约金进行调整为由主张不予调整违约金的,人民法院不予支持。

第六十五条 当事人主张约定的违约金过分高于违约造成的损失,请求予以适当减少的,人民法院应当以民法典第五百八十四条规定的损失为基础,兼顾合同主体、交易类型、合同的履行情况、当事人的过错程度、履约背景等因素,遵循公平原则和诚信原则进行衡量,并作出裁判。

约定的违约金超过造成损失的百分之三十的,人民法院一般可以认定为过分高于造成的损失。

恶意违约的当事人一方请求减少违约金的,人民法院一般不予支持。

第六十六条 当事人一方请求对方支付违约金,对方以合同不成立、无效、被撤销、确定不发生效力、不构成违约或者非违约方不存在损失等为由抗辩,未主张调整过高的违约金的,人民法院应当就若不支持该抗辩,当事人是否请求调整违约金进行释明。第一审人民法院认为抗辩成立且未予释明,第二审人民法院认为应当判决支付违约金的,可以直接释明,并根据当事人的请求,在当事人就是否应当调整违约金充分举证、质证、辩论后,依法判决适当减少违约金。

被告因客观原因在第一审程序中未到庭参加诉讼,但是在第二审程序中到庭参加诉讼并请求减少违约金的,第二审人民法院可以在当事人就是否应当调整违约金充分举证、质证、辩论后,依法判决适当减少违约金。

第六十七条 当事人交付留置金、担保金、保证金、订约金、押金或者订金等,但是没有约定定金性质,一方主张适用民法典第五百八十七条规定的定金罚则的,人民法院不予支持。当事人约定了定金性质,但是未约定定金类型或者约定不明,一方主张为违约定金的,人民法院应予支持。

当事人约定以交付定金作为订立合同的担保,一方拒绝订立合同或者在磋商订立合同时违背诚信原则导致未能订立合同,对方主张适用民法典第五百八十七条规定的定金罚则的,人民法院应予支持。

当事人约定以交付定金作为合同成立或者生效条件,应当交付定金的一方未交付定金,但是合同主要义务已经履行完毕并为对方所接受的,人民法院应当认定合同在对方接受履行时已经成立或者生效。

当事人约定定金性质为解约定金,交付定金的一方主张以丧失定金为代价解除合同的,或者收受定金的一方主张以双倍返还定金为代价解除合同的,人民法院应予支持。

第六十八条　双方当事人均具有致使不能实现合同目的的违约行为,其中一方请求适用定金罚则的,人民法院不予支持。当事人一方仅有轻微违约,对方具有致使不能实现合同目的的违约行为,轻微违约方主张适用定金罚则,对方以轻微违约方也构成违约为由抗辩的,人民法院对该抗辩不予支持。

当事人一方已经部分履行合同,对方接受并主张按照未履行部分所占比例适用定金罚则的,人民法院应予支持。对方主张按照合同整体适用定金罚则的,人民法院不予支持,但是部分未履行致使不能实现合同目的的除外。

因不可抗力致使合同不能履行,非违约方主张适用定金罚则的,人民法院不予支持。

思考题

1.简述违约责任的性质,并分析其在合同管理中的功能,结合实际案例说明其重要性。

2.列举违约责任的主要承担形式,并探讨在不同违约情形下如何选择合适的承担形式。

3.探讨在设置违约责任条款时应遵循的原则,结合实际案例分析这些原则的应用。

客观题扫码自测